AF478007

ISBN  88-7448-870-X

FINITO DI STAMPARE NEL MESE DI NOVENBRE 1998
DALLE GRAFICHE CHICCA & C. TIVOLI - ROMA
PER I TIPI DELLA GANGEMI EDITORE

*In copertina in alto:*  Prima parte della Spirale Conica di Adriano nella Sala delle Urne Romane di Castel Sant'Angelo con la pianta di S. Pietro di Michelangelo, 1997 (foto di Paolo Portoghesi)

*In copertina in basso:*  La Città di Antinoo, Auro, 1997

*Nel retro di copertina:*  Progetto della Spirale Conica di Adriano di Paolo Portoghesi e Petra Bernitsa con interventi di Auro, 1997

# ARTE E NATURA
## ART AND NATURE

Paolo Portoghesi
Auro
I Giardini della Memoria

*a cura di / by*
Petra Bernitsa

GANGEMI EDITORE

La Mostra

Arte e Natura-dal Mausoleo di Adriano al Castello dell'Angelo
*rivisitazione a cura di Paolo Portoghesi e Auro con la partecipazione del Museo Nazionale di Castel Sant'Angelo*
Roma 9 Ottobre 9 Novembre 1997

**Progettazione**
Paolo Portoghesi; Auro;
Museo Nazionale di Castel
Sant'Angelo, Ruggero Pentrella

**Allestimento**
Paolo Portoghesi e Petra Bernitsa

**Collaborazioni**
Arch. Maria Maddalena Alessandro,
Ric.Univ. Nicoletta Lanciano

**Progetto grafico**
Studio Franci&Patriarca

**Segreteria organizzativa**
Arte in Comune: Franco Posa,
Daniela Chiocchi, Anna Burgio

**Ufficio stampa**
Agnese De Donato

"Architettura e Natura"
di Paolo Portoghesi

**Progetto editoriale e  allestimento**
Petra Bernitsa

**Archivio fotografico**
Paolo Portoghesi,
coll. Maria Ercadi

**Elaborazione grafica stendardi
e scenografie**
Beatrice Castagna,
Giancarlo Mancarella,
Maurizio Varamo

**Realizzazione tecnica**
Sogester

**Realizzazione delle strutture lignee**
Carlo Marini

**Riproduzione delle immagini
fotografiche**
Autenticolor

**Installazioni, Composizioni Visive,
Ori con Pietre**
Auro

**La Spirale Conica di Adriano
Progetto**
Paolo Portoghesi e Petra Bernitsa;
interventi artistici di Auro;
collaboratore Mark Pledger
(da un suggerimento dell'arch.
Ruggero Pentrella)

**Realizzazione delle intersezioni
circolari**
Limes

**Realizzazione tecnica**
Carlos José Ayress Moreno

"I Giardini della Memoria"
**Progetto editoriale e allestimento**
Petra Bernitsa

**Realizzazione tecnica**
Sogester

**Realizzazione delle strutture in ferro**
Andrea Marchi

**Con il patrocinio di**
Vicepresidenza del Consiglio
dei Ministri; Regione Lazio
Assessorato Cultura, Turismo
e Spettacolo; Giunta Provinciale
di Roma

**Si ringraziano per la gentile
collaborazione**
Mario Frasca, Raffaella De Luca,
Luigi Polito, Antonietta Portolisi,
Alessandra Bufacchi, Ermelinda Di
Domenica, Gaudenzia Berardicurti,
Maurizio Checchi, Fabio Tonnarini

La Monografia

Arte e Natura
*Paolo Portoghesi*
*Auro*
*I Giardini della Memoria*

**Ideazione e cura**
*Petra Bernitsa*

**Natura e Architettura testi di:**
Paolo Portoghesi e
Petra Bernitsa

**Progetto grafico**
Petra Bernitsa,
coll. Alessandra Bufacchi

**Foto**
Paolo Portoghesi
Roberto Granata
Riccardo Sabatini
Petra Bernitsa

**Traduttrice**
Darragh Henegan

**Compartecipazioni**
Presidenza del Consiglio del Comune
di Roma, On. Luisa Laurelli;
Assessorato alla Cultura del Comune
di Roma, Assessore Gianni Borgna;
Regione Lazio; Comune di Subiaco,
Sindaco Massimo Percoco; Azienda
Autonoma Sogg. e Turismo Subiaco,
Presidente Giorgio Orlandi

**Si ringraziano inoltre:**
Le Sezioni Soci romane della COOP
Toscana Lazio;
L'ACEA;
La SOGESTER;
Sartoria Elvira Gramano;
Travertino Romano;
Assicurazioni Assiservice, Subiaco;
Autenticolor; Limes

INDICE   *CONTENT*


6   Presentazione   *Presentation*   6
di / by  *Luisa Laurelli*

7   Introduzione alla Mostra   *Introduction to the Exhibition*   115
di / by  *Paolo Portoghesi*

9   Architettura e Natura   *Architecture and Nature*   116
di / by  *Paolo Portoghesi*

14   Arte e Natura a Castel Sant'Angelo   *Art and Nature at Castel Sant'Angelo*   88
di / by  *Auro*

17   I Bambini e l'Arte dei Giardini   *The Child and the Art of the Garden*   119
di / by  *Paolo Portoghesi*

20   I Giardini della Memoria   *The Gardens of the Memory*   121
di / by  *Petra Bernitsa*

26   Omaggio ad Adriano, Auro e Portoghesi   *Homage to Hadrian: Auro & Portoghesi*   125
in Mostra a Castel Sant'Angelo   *on the Exhibition at Castel Sant'Angelo*
di / by  *Mario Pisani*

30   Mito e Leggenda di Adriano   *The Myth and Legend of Hadrian*   126
di / by  *Giancarlo Priori*

32   Natura e Architettura   *Nature and Architecture*   32
*Testi* di / *Texts by  Paolo Portoghesi e / and  Petra Bernitsa*

77   Sollecitazioni-Subliminali   *Subliminal Solicitations*   81
di / by  *Francesca Pietracci*

78   Installazioni, Composizioni Visive,   *Installations, Visual Compositions,*   78
Ori con Pietre   *Gold with Stones*
di / by  *Auro*

84   L'Arte della Bellezza   *The Art of Beauty*   96
di / by  *Robert Hasinger*

92   La Costellazione di Antinoo   *The Antinous Constellation*   92
di / by  *Nicoletta Lanciano*

103   La Spirale Conica di Adriano   *Hadrian's Spiral Cone*   103
Progetto di / *Project of  Paolo Portoghesi*
e / *and  Petra Bernitsa* con interventi di / *with interventions by Auro*

108   I Giardini della Memoria   *The Gardens of the Memory*   108
a cura di / *by  Petra Bernitsa*

113   L'Orologio Solare Orizzontale   *The Horizontal Sundial*   127
di / by  *Nicoletta Lanciano*

128   Note Biografiche   *Biographical Notes*   128

**PRESENTAZIONE**
*di Luisa Laurelli*
*Presidente del Consiglio Comunale di Roma*

Recuperare un rapporto armonico col nostro ambiente, migliorare la qualità degli spazi dove viviamo quotidianamente, ripensare il rapporto tra le istituzioni e il contesto ambientale, dove mi piace collocare anche il sociale, sono i temi che ho letto in filigrana, quando gli autori di questa monografia mi hanno presentato il progetto editoriale. Un progetto che ha come obiettivo la divulgazione di linguaggi, conoscenze e rappresentazioni utili per conservare la memoria antica di un'arte, un saper fare, che si ispira alla natura. Una natura rispettata e rappresentata come la "grande madre" Gaia che è all'origine di ogni cosa.
Questi temi, che nascono dalla consapevolezza del ruolo centrale svolto dalla cultura e dalle relative tecniche nel ripensare il rapporto con l'ambiente: naturale e urbano, penso rappresentino una valida premessa per un'amministrazione che dovrà concretizzare, nei prossimi anni, il piano di rilancio di una metropoli complessa e allo stesso tempo, carica di storia come è Roma. Altrettanto significativa mi sembra l'articolazione del progetto in contributi diversi, anche se collegati: l'architettura, l'arte e il progetto del giardino, sviluppato, didatticamente, da alcune scuole romane.
Forse, proprio partendo dal giardino e dall'orto e dalla cultura della cooperazione, sarà possibile ripensare la qualità dei nostri spazi urbani.

**PRESENTATION**
*by Luisa Laurelli*
*President of the City Council of Rome*

*To rebuild a harmonious relationship with our environment, improve the quality of our daily living spaces, redefine the relationship between our institutions and the environmental context (to which I would also like to join the social context) these are the themes that I read between the lines when the authors of this monograph presented me with this project. A project whose objective is the popularization of ways of speaking, information and representations useful for the preservation of the ancient memory of an artform, a knowledge of doing, that is inspired by Nature. A Nature respected and represented as the "great mother", who is the origin of all things.*
*These themes, which are born of an awareness of the central role of culture and its related technologies in redefining the relationship with the environment, natural and urban, represent, I believe, a valid premise for an administration which will have to concretize, in the next few years, a plan to relaunch a city as complex and loaded with history as Rome is. Equally meaningful seems the articulation of the project into different, but related, contributions: architecture, art and the project of the gardens developed didactically with several Roman elementary schools.*
*Perhaps, taking off precisely from the garden and from a culture of cooperation, it will be possible to redefine the quality of our urban spaces.*

Per un romano, nato in via Monterone da un'antica famiglia che già nel Cinquecento possedeva una "vigna" collocata dove adesso è via Frattina, Castel S. Angelo non è solo un monumento illustre ma un'immagine familiare: uno dei capisaldi che, fin dalle prime esperienze infantili, mi ha permesso di capire la città, cominciando a ordinarla intorno ai suoi obelischi e ai suoi monumenti più prestigiosi.

Anche mio nonno, che era un pittore-decoratore, specializzato in "grottesche", possedeva un castello; e, quando ne parlava con mio padre, pensavo, da fanciullo, che fosse un castello "vero" e me lo immaginavo come Castel S. Angelo: un cilindro con in mezzo una torre e magari un piccolo angelo con la spada sguainata e tante grottesche nelle sue sale e nei suoi corridoi variopinti. Poi, mi resi conto che il castello era solo un ponteggio di legname, di quelli che allora si adoperavano per pulire e restaurare gli interni delle chiese, e imparai che i castelli sono quasi tutti molto diversi da quello romano che, tuttavia, con la forza della sua ambiguità (fortezza o tomba, palazzo o castello?) ha sempre mantenuto per me un fascino misterioso. Con la sua rampa, i suoi corridoi, le sue celle e le sue palle di cannone (finte), le magnifiche e imprevedibili sale, sature di colore, volute da quell'amante delle torri che fu Paolo III, e lo spettacolo dell'angelo issato su una terrazza che domina la città come il ponte di una nave, Castel S. Angelo è il topos romano più stimolante e rivelatore, soprattutto per i bambini, che ne rimangono i visitatori più numerosi e più entusiasti. E non va dimenticato che anche il nostro secolo ha lasciato una nobile impronta nel Castello, non solo per la musica di Puccini, ma anche per i soffitti bellissimi, disegnati da Duilio Cambellotti nelle sale più alte della torre, imprevedibile e personale fusione di Art Nouveau e Futurismo.

Tornarci da persona matura e disincantata, alle soglie del Duemila, per rendere omaggio alla sua storia e confidarsi (con esso e con la città) raccontando qualcosa del proprio lavoro, è per me saldare un debito di riconoscenza. Nello stesso tempo, è preziosa occasione per ripercorrere la sua storia, da Mausoleo di Adriano – l'imperatore architetto cultore del "limite" che, recuperando sulla sua tomba il tumulo etrusco e la struttura di un nuraghe e costruendo la sua villa di Tivoli, dimostrò il valore creativo della memoria architettonica – a turrito rifugio papale e poi principale "altana" della città, immersa nella sua dimensione celeste. La memoria creativa e l'altana aperta allo spettacolo della natura, questi due fattori così diversi: un concetto e un tipo architettonico che, a Castel S. Angelo, hanno trovato una reificazione concreta. Se guardo dentro di me e ripercorro il mio lavoro di quarant'anni, li riconosco come i due fari che  mi hanno sempre guidato in una navigazione piena di dubbi e di contraddizioni, mai però disorientata, mai priva di un sicuro obiettivo da raggiungere. Da questo sentimento di riconoscenza e amore verso un monumento che è vissuto e vive all'insegna della metamorfosi, come un

*translation on page 115*

bruco o una farfalla, nasce l'idea di rendergli omaggio, commentandolo e ricercando in esso le motivazioni della propria opera. Mi capita spesso, girando il mondo e raccontando, nelle università, il percorso compiuto nel regno dell'architettura, come storico e come architetto, di essere considerato dagli interlocutori un tipico "architetto romano", una figura inscindibile dallo sfondo della città e – aggiungo io – del suo paesaggio tufaceo e arborescente. Ma la romanità cui si fa riferimento non è, per mia fortuna, quella trionfale e autoritaria, cara alla retorica magniloquente. La mia romanità è quella più complessa della città palinsesto, la romanità appunto della metamorfosi, in cui l'identità si spoglia dei connotati formali e diventa sotterranea continuità di caratteri sfuggenti ma straordinariamente profondi. E qui la metafora più giusta è il ricordo del fiume sotterraneo che scorre intorno alla cripta di S. Clemente, sopra lo spazio dell'antico mitreo, presenza sonora prima ché visiva, segno incancellabile ma tenue di un paesaggio vergine, esistito prima della città; quel paesaggio di forre silvestri in cui i primi insediamenti del territorio romano hanno trovato la loro collocazione elettiva e che quotidianamente ritrovo, specchio della metamorfosi, nel mio rifugio di Calcata. Il Castello, dunque, come simbolo di una romanità non finita, in perpetuo divenire, una città ancora da progettare ascoltando la vocazione dei suoi luoghi, una città che, se vuole affrontare il terzo millennio, sottraendosi all'incalzante degrado, deve riscoprire le sue origini, il suo antico rapporto con la natura, rapporto di difesa e di alleanza sempre rinnovato, dal prosciugamento della palude del Velabro da cui nacque il foro al provvidenziale anello di verde delle ville e delle vigne che la circondavano fino all'Ottocento. Fino alla "breccia" di Porta Pia, era infatti rimasta visibile la sua struttura stellare, il sidus Augusti sepolto poi dall'ingombrante macchia d'olio dei nuovi quartieri, sorti per completare il "non finito", senza riflettere che forse è proprio il "non finito" il genius loci della città che l'angelo del Castello potrebbe con la sua pietas personificare. Alleanza rinnovata con la natura vuol dire, a Roma, cancellare questa compattezza, valorizzare i cunei di verde, ma anche sostituire le cellule malate con tessuti sani, pensati per costituire una alternativa all'ambiente irriscattabile della periferia. Bisogna riflettere fin che c'è tempo sul fatto che, banditi dalla seconda guerra mondiale, i "gas asfissianti" di oggi li abbiamo in casa, per le nostre vecchie strade dove, tra i selci, l'erba non cresce più e le piante dei balconi avvizziscono nella polvere. Per costruire la nuova alleanza è essenziale riflettere sulla natura e sul suo rapporto con la nostra vita e quale luogo è più adatto di Castel S. Angelo, posto a presidio del fiume, questa realtà naturale che abbiamo prima imprigionato e poi costretto a fungere da spartitraffico dell'unica autostrada urbana e che dopo avere per secoli minacciato con le sue esondazioni la salute dei romani come un nume vendicatore, pronto a entrare in azione, ora sembra accettare perfidamente il ruolo di testimone neutrale di un suicidio collettivo tanto graduale quanto ineluttabile. Riflettere sulla natura per un architetto vuol dire occuparsi di veleni, di patologie ambientali e di rimedi efficaci; ma vuol dire anche interrogarsi sul rapporto che esiste tra architettura e natura da quando l'architettura nacque – ispirandosi ai nidi degli uccelli e utilizzando i rami degli alberi o gli alberi stessi come rifugio.

Il visitatore di questa mostra rintraccerà, dentro l'itinerario consueto del Museo, un altro itinerario fatto in prevalenza di immagini, che, prendendo spunto dai diversi aspetti del Castello, mette in rilievo come non vi sia idea architettonica per cui non possa trovarsi un precedente nel mondo della natura, e non solo e non tanto nelle sue forme, quanto nelle sue leggi, nei suoi processi di crescita e di consumo, nelle sue continue metamorfosi.


## ARCHITETTURA E NATURA

Generalmente, quando si parla del rapporto architettura-natura, si intende la capacità di un'opera costruita di collegarsi con lo scenario naturale, di rispecchiarlo quindi o contrastarlo con le sue forme; ma c'è un altro aspetto del rapporto architettura-natura che merita di essere approfondito ed è quello che definirei genetico: derivante dal fatto che l'uomo, realizzando il suo universo artificiale, è portato, consciamente o inconsciamente, a ripetere e interpretare le forme e i procedimenti osservati nella natura. Egli quindi modella la sua costruzione ricordando la sua esperienza conoscitiva o addirittura obbedendo, inconsapevolmente, a leggi che governano la vita e la struttura del nostro pianeta, il suo stesso modo di osservare, concepire, ragionare.

Non mancano, nella storia, esempi indiscussi di ispirazione diretta a forme naturali: basti pensare alla chiocciola borrominiana della Sapienza, specchio della conchiglia a lumaca che l'architetto conservava nella sua casa, appoggiata su un piedistallo di ottone, o al progetto per la ricostruzione di Londra, proposto da Robert Hooke, dopo l'incendio del 1666, coscientemente ispirato alla struttura cellulare del sughero, da lui osservata al microscopio. Forse la corretta interpretazione del severo rimprovero rivolto da Apollodoro di Damasco a Elio Adriano non ancora imperatore, secondo l'aneddoto raccontato da Dione Cassio (Ep.L LXIX, 3, 2): "Lascia perdere e va a disegnare le tue zucche che di queste cose non te ne intendi", non riguarda esercizi di pittura ma l'idea, poi realizzata nel tempio di Iside a Villa Adriana e  probabilmente nel tempio di Siepe, di costruire delle cupole usando come modello il volume a spicchi della zucca.

Più ancora dei casi di ispirazione cosciente, la mia ricerca ha voluto mettere a fuoco l'ispirazione indiretta e "involontaria" (come la memoria teorizzata da Marcel Proust nella "Recherche"), che deriva soltanto dal nostro essere al mondo, dal nostro abitare la terra, dal nostro crescere e mutare, dal nostro pensare e ricordare: tutto ciò si fa "esperienza vissuta" e influenza il nostro fare, imponendogli una sorta di consonanza con lo scenario naturale, che deriva dal fatto che l'uomo è parte della natura e i suoi prodotti sono tendenzialmente naturali o, almeno, lo sono stati fino a quando il processo di de-naturalizzazione ha assunto le attuali catastrofiche proporzioni. Perché ciò che appare evidente in questa indagine è che l'uomo, se nasce come parte della natura e ne rispecchia le regole ha, tuttavia, diversamente dagli altri esseri viventi, la capacità di estraniarsi da essa rifiutandone consapevolmente la maternità. Come pure appare evidente che la soglia tra un fare "dentro la natura" e un fare "a partire dall'estraneità" non è, come a volte è stato detto, la soglia della modernità, ma il confine che divide due culture che praticano in modo opposto l'idea di modernità.

Da quanto ho premesso, deriva il carattere tutt'altro che neutrale della ricerca in atto, che ha trovato nel libro "Architettura e Natura" una prima formulazione e che, al di là di questa mostra, si proietta in un'operazione didattica intesa come ricerca corale. La proposta che deriva, senza possibilità di equivoco, dalla ricerca, è quella di opporre a un'architettura della violenza – che in quest'ultimo scorcio del Novecento domina con prepotenza il preteso "villaggio globale", sostenuta dalla logica della pubblicità e della mondializzazione dell'economia –, un'architettura "naturale", una Geo-Architettura che, raccogliendo l'eredità storica delle diverse civiltà, quella dell'architettura organica e la diagnosi culturale (non l'insoddisfacente versione architettonica) del Postmoderno, sappia porsi come espressione della "nuova alleanza" dell'uomo con il suo pianeta: un'architettura attenta alla sottrazione dell'ambiente urbano ai veleni dell'inquinamento e della perdita del suo ruolo di catalizzatore dei rapporti sociali, un'architettura finalmente consapevole che il risparmio energetico e la fine degli sprechi consumistici sono la condizione necessaria per restituire all'uomo una ragionevole speranza nel suo futuro. La tecnologia non potrà essere, in questa prospettiva, il deus ex machina nel quale si confida acriticamente, ma la fonte da utilizzare caso per caso, verificandone la capacità di affrontare seriamente (e non di acuire, come spesso è accaduto) i problemi da risolvere.

Forse, dopo tanti secoli di prevalente architettura "al maschile", che esalta il volume e la capacità di occupare il vuoto con i simboli del potere, sarà necessaria una architettura "al femminile", sollecita alla creazione e riproduzione di spazi e di vuoti accoglienti. La terra ha un gran bisogno di questa architettura della dolcezza, attenta ai luoghi e alla loro continua trasformazione e al recupero dell'eredità costruita. Filtrando la memoria attraverso la creatività e l'invenzione, e facendo dell'innovazione non un gioco casistico ma una vera evoluzione in senso biologico, l'architettura potrebbe ritrovare all'interno della comunità il prestigio perduto.

Se il libro "Architettura e Natura" si basa sull'enumerazione degli archetipi, e quindi degli elementi "invarianti" dell'architettura, questa mostra, pur essendo anch'essa il frutto di un criterio analogico, enumera concetti e operazioni che si ritrovano sia nella natura sia nell'architettura, e parte dalla convinzione che concepire o riesaminare criticamente un'opera architettonica, utilizzando questi concetti, consente di comprendere  meglio o di progettare meglio e, soprattutto, di verificare l'essere o meno "in armonia" con lo scenario naturale e più ancora con la vita, che della terra è certamente il momento culminante e precipuo. Ben si avverte la centralità della vita quando si osserva una fotografia del pianeta presa dallo spazio: da dove appare come uno splendido globo rivestito di smalti azzurrini, animato da veli, vapori, trasparenze, vortici, che lo fanno sembrare un essere vivente, decisamente femminile, con i suoi umori volubili, le sue esitazioni, le sue ritrosie, una "matria" dunque, magnificamente pervasa dalla febbre della gestazione.

Concetti e operazioni enumerati nella mostra sono, in gran parte, concetti familiari legati indissolubilmente alla vita; applicati all'architettura ne mostrano, per così dire, la natura segreta, la qualità più intima, rievocandone la genesi non solo nel cervello di chi l'ha concepita, ma rifacendosi a quelle esperienze reali di vita vissuta che il progettista ha compiuto proiettandole, poi, più o meno consapevolmente, nell'operazione compositiva.

Il modo migliore per concludere questa presentazione della mostra mi sembra, quindi, provare a rileggere con il supporto di questi strumenti di analisi il monumento in cui la mostra si svolge, il Castello di Roma, fonte per me di esperienze fondative della mia identità di architetto. I concetti e le operazioni che utilizzerò per l'analisi sono: l'Orientamento, la Simbolizzazione, l'Avvolgimento, la Visibilità, il Consumo, l'Elevazione.

Quando Adriano individuò il luogo del suo sepolcro, lo pensò certamente in funzione della Roma da lui reinterpretata non in modo sconvolgente e brutale, come aveva fatto Nerone, ma in modo sottile e non di meno fortemente incisivo, quasi operando in filigrana.

La sua Roma, sulla base di quanto sappiamo dalle fonti e dai rinvenimenti archeologici, si può individuare in una sorta di plurima costellazione: una serie di punti che, uniti tra loro, acquistano nuovo significato. Questi punti o stazioni sono i monumenti e le opere pubbliche che Adriano costruì o restaurò, dimostrando verso la città un'attenzione "affettuosa". I monumenti sorti ex novo per sua iniziativa sono il tempio di Venere e Roma, il padiglione degli Orti Sallustiani, lo scomparso tempio di Siepe, quello di Traiano e Plotina (a conclusione del foro Traiano) e quello di Matidia, più tardi a lui stesso dedicato (in cui oggi ha sede la Borsa valori) e l'Athaenaeum, di cui si è persa ogni traccia, istituzione dedicata all'integrazione tra la cultura latina e quella greca.

Nell'ambito del rinnovamento del Campo Marzio, in continuità con il piano augusteo, realizzò il Pantheon, con la sua piazza, il Giano accanto alla Minerva e la loggia dei Saepta Julia. I più importanti restauri adrianei furono dedicati a luoghi di particolare valore storico come l'Auguraculum capitolino, il Foro di Augusto, la Domus Tiberiana, il Pomerium e il Divorum.

Il Pantheon e il Mausoleo sono collegati idealmente dall'orientamento nord-sud che fa dei due edifici degli ideali orologi solari. Se nel Pantheon il pennello di luce, che origina dalla finestra al centro della cupola, disegna sulla volta e sulle pareti una serie di traiettorie che giorno dopo giorno registrano i movimenti del sole e della terra nell'arco di un anno, nell'Arianaeum l'orientamento solare è magnificato dal ponte, dall'asse di penetrazione e dai quattro sfiatatoi (o eliocamini) che, forse, consentivano di traguardare il cielo nelle luminose quattro direzioni cardinali.

Nel Pantheon, inoltre, è stato constatato che la luce proveniente dalla finestra circolare investe la porta di accesso a mezzogiorno del 21 Aprile, giorno della fondazione di Roma. Al processo di Orientamento, che determina il rapporto strutturale del monumento con la città, si aggiunge il processo di Simbolizzazione che guida Adriano nelle sue scelte. I blocchi volumetrici che formano il monumento sono il basamento a pianta quadrata, avvolto un tempo da una cancellata, il tamburo che lo sovrasta e la torre cubica, elementi ancora leggibili nell'attuale edificio ma ormai privati della loro chiarezza sintattica.

Difficilmente la scelta di un tale aggregato volumetrico poteva prescindere, al tempo di Adriano, dalla considerazione del loro valore simbolico. Il tamburo, riconducibile alla tradizione etrusca dei tumuli e al recente esempio della tomba di Augusto, aveva una connotazione celeste e riconduceva al concetto di durata e di eternità. Il basamento quadrato poteva riferirsi alla terra, così come all'idea romana del castrum, accampamento e nello stesso tempo struttura urbana, mentre la torre posta al centro, sovrastata da un carro solare, fungeva da simbolo di elevazione, di ascesa verso il cielo (immagine resa poi, con l'eloquenza della scultura, nella rappresentazione di Elio Adriano in corsa verso il Sole su una quadriga). Un valore simbolico potrebbe attribuirsi anche alla terra fertile che quasi certamente coronava il tamburo, rendendo possibile la crescita della vegetazione, allusione alla vita non interrotta dalla morte e alla connessione del mondo artificiale con quello naturale.

La nozione di Avvolgimento entra in campo quando si definiscono gli spazi interni del blocco con l'idea geniale della rampa elicoidale che, sposando la forma cilindrica, ne spezza l'inerzia coinvolgendola in un movimento ascensionale. È impressionante constatare l'analogia tra questa rampa e quella del nuraghe S. Antine, un volume troncoconico avvolto da un percorso egualmente concepito. Conseguenza dell'Avvolgimento è la connotazione della spirale e dell'elica come simboli della vita e del divenire. Se la rampa interpreta l'avvolgimento attraverso l'elica, un diverso tipo di avvolgimento concentrico caratterizza invece l'inferriata che circondava il basamento, con le sue colonnine coronate da pavoni di bronzo. Due di questi volatili, simbolo di eternità, furono trasportati in Vaticano a perenne guardia della Pigna di Belvedere: metafisico dialogo tra mondo animale e vegetale.

Passando agli elementi aggiunti all'organismo originario voluto da Adriano, quegli elementi che hanno portato alla graduale metamorfosi della tomba in castello, c'è anzitutto da mettere a fuoco il processo di Consumo e di degrado che ha modificato non solo la fisicità dell'immagine, nel percorso da monumento compiuto a rovina, ma ha profondamente intaccato il messaggio simbolico del monumento. Privato della sua pelle marmorea, della nettezza geometrica dei suoi contorni, del valore significante delle sculture, la tomba perde il suo significato e ne acquista un altro complementare, quello di fortezza, di luogo munito e inaccessibile, rivolgendosi alla città come ambiguo contenitore di una forza ostile o di un rassicurante presidio difensivo. Aggiungendo la merlatura alla torre centrale, la nuova tipologia investe la rovina e la trasforma, ne fa un testo nuovo da commentare finché una nuova labilità di senso ne suggerisce un'ulteriore trasformazione.

Se la fortezza può servire a difendere, perché non potrebbe servire ad abitare e a contemplare?

Di qui, attraverso la magia dell'ibrido, ecco nascere un affascinante ermafrodito, un palazzo che sorge come fosse una collina su un castello che fu una tomba e, anche, un luogo di contemplazione ed Elevazione e, quindi, logge ed altane, dove è possibile leggere la città come una planimetria, individuandone le strutture.

Così il Castello diventa anche l'archetipo delle mille altane disseminate nel paesaggio urbano, l'altana che serve per vedere ma anche per essere visti, che segna l'imprescindibile dimensione celeste di ogni architettura che popola il panorama della città e l'indispensabile contrappunto cubico alla miriade di cupole cilindriche e sferiche che coronano i suoi luoghi consacrati.

Infine, supremo codicillo alla vita di un monumento infinito, la statua dell'Angelo che rinfodera la spada. Non più l'uomo che prende posto sul carro che lo condurrà in cielo, ma l'angelo, l'intermediario che rassicura l'uomo dopo l'ira celeste.

Non è forse l'atto di rinfoderare la spada ciò che è oggi legittimo chiedere alla natura, dopo averla in tanti modi sfidata e dopo esserci accorti di quanto illusorie e temerarie siano le "vittorie di Pirro" che l'uomo ha riportato su di lei, madre affettuosa, ma non sempre condiscendente?

Osservando il grande cilindro nato come "Sepulchrum Hadriani", si ha l'impressione di trovarsi di fronte a una magica forma, morbida e nello stesso tempo imponente, arcaica e moderna. Sono passati quasi duemila anni da quando Adriano eresse il suo sepolcro. Da quella data – 139 dc – a oggi, sia all'esterno sia all'interno del Mausoleo, sono avvenute diverse trasformazioni, dal sepolcro alla fortezza, difesa della città, alla residenza dei papi, alle prigioni, fino all'attuale Museo, con tutte le opere artistiche e architettoniche che testimoniano la sua storia.

L'intervento artistico come "Rivisitazione dal Mausoleo di Adriano a Castel Sant'Angelo", che ho realizzato insieme a Paolo Portoghesi con l'ideazione dell'arch. Ruggero Pentrella, Direttore del Museo, è un progetto al quale ho contribuito con grande slancio, sia per l'acuta idea, una impresa nuova nel mondo dell'arte concernente i musei, sia per il luogo, unico nel suo genere, dove queste pietre del mondo, incastonate nelle sculture, nei dipinti e nell'oro, insieme alle tavole e ai plastici architettonici di Paolo Portoghesi, entrano in sintonia, sia con le differenti analogie tra "Arte e Natura", sia con la pietra e la storia della Mole Adrianea.

I materiali che sono presenti, sia nelle composizioni visive che nelle sculture e negli ori con pietre, provengono dalla natura, sono minerali, cristalli di quarzo, pietre preziose, metalli nativi, frammenti meteoritici e terre ricavate dagli stessi minerali, che testimoniano l'energia primordiale del nostro pianeta; e più specificatamente, in riferimento all'intervento nel Castello, essi rappresentano l'impronta della materia cristallina che si riscontra nelle memorie di queste mura, dove in ogni angolo vi è una traccia nascosta, più in profondità di quello che si vede, più in profondità di quello che si sente. Ammirando l'immenso scenario della "grande creazione", a proposito dei minerali, ci rendiamo conto dell'elevatissimo grado di energia con il quale si sono formati e della straordinaria bellezza che essi hanno.

Il regno minerale si è sviluppato attraverso potentissime condizioni energetiche, dal pulviscolo stellare a esplosioni atomiche naturali, che hanno causato enormi sconvolgimenti con temperature e pressioni elevatissime, continuando poi la sua ulteriore evoluzione, nell'humus morfogenetico della terra, del fuoco, dell'acqua e dell'aria, dando vita a una loro ben definita formazione e cristallizzazione che ha generato, infine, una svariata qualità di luci e di colori. Quindi, possiamo dire che il mondo dei minerali rappresenta la più elevata energia a cui l'uomo possa attingere. È proprio partendo dalla "grande creazione" che si è formata la perfetta unità e armonia della natura. La stessa armonia che l'uomo ritrova dentro se stesso, quando riesce a cogliere il significato di queste energie e soprattutto quando utilizza la natura con intuizioni creative per fini diversi da quelli della realtà odierna, dove molto spesso gli scopi sono soltanto devastatori. Ed è quella stessa armonia con la natura che mi riconduce a una citazione di Goethe: "L'artista con la sua libertà d'animo è

*translation on page 88*

al di sopra della natura e può adattarla ai suoi fini superiori. È il suo padrone e il suo schiavo. È il suo schiavo perché deve usare mezzi terreni per farsi capire. Ma è il suo padrone perché subordina questi mezzi ai suoi superiori intenti". A volte, lavorando con questi materiali energetici, ne modifico la forma originale, sovrapponendovi altri elementi per esaltarne la bellezza, affinché emerga la loro forza e la loro potenzialità energetica, che, diversamente, all'occhio del visitatore, potrebbero passare inosservate. In un certo senso, queste forme così ri-composte stimolano lo stato percettivo di ognuno. Questo è uno dei motivi per il quale, da circa venti anni, mi sono avventurato nel mondo fantastico dei minerali. Le mie installazioni sono elementi oscillanti, che trasmettono onde vibrazionali nello spazio-intorno, coinvolgendo l'osservatore, fisicamente ed emotivamente. Ogni tipo di minerale o di pietra ha una sua vibrazione o "entrata vibrazionale" nel campo bioplasmico, che corrisponde al suo stato di formazione e la cui manifestazione avviene attraverso il suo colore e la sua forma, sia quella naturale sia quella conferitagli dall'uomo.

Gli effetti delle pietre sugli uomini, utilizzate sia per curare che per evocare, proteggere, rafforzare o stimolare, erano noti già nelle culture e religioni antiche. Plinio il Vecchio (23-79 d.c.) ha descritto ampiamente le qualità e le capacità energetiche e curative delle pietre negli ultimi libri della sua grande opera enciclopedica "Naturalis Historia", soprattutto nel libro 37; come anche  il naturalista medievale Lonittzer, Alberto Magno, Ildecarda di Bingen e molti altri. Il pettorale del grande Sacerdote era composto da dodici pietre e nella "Gerusalemme Celeste" dell'Apocalisse di S. Giovanni vengono, nuovamente, citate dodici pietre come basamenti delle mura di questa città soprannaturale dove, secondo l'interpretazione di S. Agostino, ogni pietra corrisponderebbe a uno degli Apostoli. Perfino nella angelogia, le pietre sono parte integrante della simbologia degli Angeli, Arcangeli, Cherubini, Serafini. E ancora più anticamente, nella cultura orientale ayurvedica, in particolare in quella tibetana, le medicine, chiamate anche "pillole preziose", erano composte da metalli, minerali e pietre preziose, che tuttora sono in largo uso nella loro cultura, mantenendo la stessa composizione di alcune migliaia di anni fa.

Da un punto di vista scientifico, sia per uso visivo che terapeutico, sappiamo che la luce e la potenza di un laser è generata dal rubino o dall'ossido di berillo. I minerali sono sempre stati la fonte più importante della terra e tutte le forme geometriche principali risalgono alla loro struttura. Le pietre rappresentano lo spirito cristallizzato della terra e il cristallo, l'elemento incorporeo della corporeità. Ed è così che sono qui interpretate e riproposte, sia come naturale manifestazione della natura che come intervento artistico atto a rendere fruibile questa materia ad altri livelli di lettura. "Arte e Natura" opera, quindi, in un piano dove tutti gli elementi artistici entrano in sintonia con la natura universale delle cose: simbolismi, archetipi, architetture, religioni, miti, leggende.

Nei bastioni del Castello, in cui si trovano collocati i quattro Evangelisti, abbiamo installato quattro stendardi che rappresentano i quattro elementi essen-

ziali della natura: Aria, Acqua, Terra, Fuoco, attraverso il simbolismo dei solidi
platonici, il colore e le relative pietre corrispondenti. Gli stendardi sono installati
sui quattro bastioni, come era in uso nelle feste romane del periodo rinascimentale
e barocco e per la prima volta sono in corrispondenza con il proprio elemento e
l'Evangelista che lo rappresenta.

Già l'Imperatore Adriano, nell'ideazione del suo Mausoleo, trasfonde e mutua
simbolismi tratti dalle religioni alle quali era iniziato, manifestandosi così come
uomo di grande curiosità e cultura. Sulla base di queste tracce, la sperimentazione ha
poi proseguito fino ai volumi architettonici più recenti, nei quali si sono sovrapposte
differenti culture – italiane e straniere – che in qualche modo hanno contribuito ad
arricchire la sua trasformazione, mantenendo integro l'aspetto architettonico romano. Quindi, gli elementi scultorei e le composizioni visive che, nell'occasione di questo evento, vengono installate in alcuni spazi e incastonate nell'interno visibile delle
sue mura, hanno una funzione introspettiva di "intervento artistico sul monumento", riferito sia alle sue origini, sia alle stratificazioni avvenute fino ai nostri giorni.
Questa materia luminosa, che simbolicamente rappresenta la luce "nascosta" all'interno e sotto le mura del Castello, è la stessa materia che, salendo gradatamente in
altri ambienti, si "libera", assumendo una veste diversa e arricchendosi ulteriormente
fino a raggiungere forme più raffinate nei piani superiori: ori con pietre. Questa operazione artistica consiste, inoltre, nell'armonizzare le forme analogiche e compositive,
frutto delle nostre ricerche, con gli spazi architettonici del Castello.

Gli interventi artistici, in un certo senso, ripercorrono il tempo, dal subterre-
no alla superficie, trovando un nuovo habitat, sebbene momentaneo, nel labirinto
del Castello, come testimonianza di una comunicazione fra memoria e materia che
riflette, in tutte le sue manifestazioni, la nobile essenza della natura.


## I Giardini della Memoria

Una sezione della mostra è dedicata ai "Giardini della Memoria" come ricerca
architettonica, realizzata per la progettazione dei giardini nella città, dai bambini
delle scuole elementari, sotto la guida di Portoghesi e Bernitsa. I giardini nell'ambito della mostra rappresentano il centro aperto del Mausoleo una "natura viva"
nella città, una natura che alimenta la vita, il gioco, di cui i bambini stessi ne sono
parte integrante nel parteciparvi come seconda casa. La creatività del bambino
viene stimolata dalla nostra intelligenza, ma anche dal "bambino che è in noi" ed è
così che sono nati i "Giardini della Memoria" quasi per gioco, anzi, sicuramente
come un gioco, dalla idea di riappropriazione e di arricchimento mentale e culturale nonché di spazi aperti nella città. "Arte e Natura" nella sua globalità di esperienze e di testimonianze ristabilisce un legame tra il bambino e l'adulto tra l'innocenza del bambino e la consapevolezza del maestro.

# I Bambini e l'Arte dei Giardini
*di Paolo Portoghesi*

Innanzitutto vorrei dirvi la ragione per cui trovo il lavoro che avete fatto, per molti aspetti entusiasmante. Un lavoro fatto dai bambini, che nella città sono presenti, anche se in modo un po' marginale. In fondo la città è fatta per i grandi, per l'uomo maturo che si organizza per produrre beni, per vivere in società e per svolgere quei ruoli che fanno parte della vita quotidiana. La città è realizzata, quindi, sulla scala dell'uomo adulto. Lo si può chiaramente dedurre dalle proporzioni degli elementi architettonici: le porte sono alte due metri e venti, i gradini sedici centimetri, tutto è misurato sull'uomo medio adulto. In questo contesto, il bambino nella città a volte sente di essere quasi un corpo estraneo, tutto è fatto non per lui, ma per lui quando sarà diventato grande. La presenza dei bambini nella città è, soprattutto, una presenza passiva, si aspetta di essere grande per poter intervenire e condizionare l'ambiente. Per questo, tradizionalmente, ai bambini sono affidate due attività: l'apprendimento e il gioco.

L'apprendimento è un momento indispensabile. Se noi non imparassimo a leggere e scrivere e a esercitare le attività, a entrare nel mondo sociale vivremmo molto male, ciascuno dovrebbe prendere la propria strada senza tener conto dell'esperienza fatta da altri. La scuola è stata inventata per questo. La scuola è una preparazione alla vita che ci insegna come ci dobbiamo comportare. Il momento più specifico, riconosciuto come diritto ai bambini, è, invece, il gioco.

Il gioco è un'attività libera, senza uno scopo preciso. Lo scopo fondamentale è quello di lasciare che i nostri desideri, le nostre volontà, le nostre aspirazioni si realizzino, per un momento nella vita, attraverso un'occasione di completa libertà. Tuttavia, il gioco richiede da parte della mente un'invenzione, perché per giocare occorre che il bambino interroghi se stesso su cosa vuole fare e, successivamente, produca un'attività che in qualche modo lo soddisfi. Il gioco è un'operazione fondamentale e il fatto che sia riservato ai bambini ci fa capire quanto l'età infantile sia importante. In fondo l'attività infantile del gioco si traduce, in seguito, in una delle attività più alte dello spirito umano: l'arte. L'arte, la pittura, l'architettura, la scultura sono essenzialmente gioco, attività senza uno scopo preciso se non la produzione di piacere e di esperienza, di saggezza, di conoscenza.

Ecco quindi le due cose che caratterizzano il periodo infantile della nostra vita: il gioco e l'apprendimento. Ora, lo schema culturale dell'apprendimento ci porterebbe a pensare che un bambino non può progettare un giardino perché, in realtà, non ha compiuto tutti i gradini di quella scala che porta alla conoscenza dell'arte di costruire i giardini. Ma questa dizione, "l'arte di costruire il giardino", ci mette sull'avviso. C'è un aspetto, quello strettamente artistico, quindi legato al gioco, a cui i bambini hanno sicuramente accesso anche se non hanno salito, compiuto tutto il percorso dell'apprendimento che poi fa sì che si possa intervenire

*translation on page 119*

sulla realtà con cognizione di causa, con un mestiere, con una capacità reale di farlo. A questo punto, credo che dobbiamo distinguere, rispetto al problema del costruire un giardino, tra due momenti diversi: il momento delle idee e il momento della realizzazione pratica. Se la realizzazione pratica di un giardino richiede indubbiamente una serie di cognizioni precise che possono essere apprese dall'essere umano attraverso un lungo itinerario, le idee che riguardano un giardino sono invece qualcosa che non ha bisogno di questa preparazione, di questo lungo itinerario di apprendimento. Le idee sono qualcosa che comincia a circolare nella nostra mente da quando nasciamo e, in un certo senso, circolano nella nostra mente più liberamente quando siamo bambini.

Le idee avvizziscono, le idee subiscono quasi un processo di degradazione quando l'uomo cresce e la sua attività mentale viene condizionata da una serie di fattori che riguardano la sua vita privata. Pensate, per esempio, a un fattore fondamentale qual è il denaro. Il denaro è un fattore che condiziona l'uomo, dal momento che la sua vita deve fare i conti con l'economia. A questo proposito, vi accorgerete, crescendo, quanto il denaro crei conflitti con le proprie idee. È proprio uno di quegli elementi che contribuisce ad avvizzirle, a guastarle. Questo per dirvi che le idee sono qualcosa di cui voi siete già in possesso e che, in un certo senso, ne siete in possesso più liberamente. Dentro di voi, dovreste rivolgere una certa attenzione a questo fatto. Dentro il vostro cervello e nella vostra testa c'è una circolazione di idee. Ma cosa sono le idee? È molto difficile da chiarire, sono delle cose immateriali, non riusciamo a toccarle. Però, attraverso il linguaggio, possiamo esprimerle, possiamo comunicare agli altri queste nostre attività psichiche che sono, appunto, le idee. Ecco allora che vale veramente la pena di fare un'esperienza che attivi i bambini a porgerci delle idee, che si possano concretizzare nella realizzazione di un giardino. Perché queste idee avranno una freschezza, una facilità che non hanno più le idee che nascono da un cervello che ha già compiuto una buona parte del suo percorso terrestre.

Per questo trovo l'operazione entusiasmante, perché è un'operazione che chiede ai bambini non di dare quello che non possono dare, dal momento che non sono ancora istruiti, ma quello che possono dare in una misura, forse, maggiore rispetto a quello che potrebbero dare uomini maturi.

Sicuramente, osservando i vostri disegni, ci si rende conto di come, pur essendoci il rapporto con l'esperienza dell'uomo e con la visione di altri parchi, questi fatti del passato sono interpretati con una freschezza e un carattere diverso, una capacità inventiva straordinaria.

In un certo senso, un uomo maturo per inventarsi qualcosa deve spremersi le meningi, deve mettere la testa tra le mani e trovare nel suo cervello qualcosa di nuovo; questa operazione nel bambino è istintiva, proprio perché nel suo cervello non sono ancora avvenuti quegli assestamenti, incanalamenti, quell'ordinamento un po' forzato che la ragione umana impone alle idee. Le idee circolano liberamente, non hanno ancora subito nessun processo di inaridimento e quindi possono essere ascoltate e tradotte nella realtà. Quindi, se è vero che per progettare un giardino sono necessarie molte conoscenze: sulla botanica, sulle caratteristiche della terra, sulla vita delle piante che verranno messe a dimora, sulla stabilità di una qualunque struttura, seppure fatta in legno, che sarà installata nel giardino, è anche vero che, alternativamente, la parte inventiva non richiede altra esperienza se non quella, fondamentale dell'uomo, di far circolare le idee, di far sì che i desideri si trasformino in qualcosa di concreto, di rappresentabile, di comunicabile agli altri. Questa è l'operazione che voi, ragazzi, avete fatto in modo straordinario. Far sì che i propri desideri si traducano in qualcosa di tangibile, in questo caso nel disegno e poi, addirittura, in un plastico che dà un'idea della terza dimensione e dello stesso giardino in modo molto più preciso di quanto possa essere reso con un disegno. Allora, adesso noi siamo di fronte a questa produzione che, sotto la guida dei vostri insegnanti, ha dato vita a oggetti di grande fascino e di grande qualità. Oggetti che sono stati messi in mostra in uno dei monumenti più belli di Roma, proprio perché sono un esempio di questa vicinanza del pensiero dei bambini al pensiero dell'arte.

Effettivamente, se l'arte è gioco, chi meglio dei bambini sa giocare? Ed è proprio così, non è una considerazione mia; tutta la teoria romantica dell'arte riconosce che nell'arte si realizza una forma di gioco, anche se si tratta di un gioco che implica la volontà di cambiare il mondo, attraverso una serie di esigenze molto alte, molto spirituali. Quindi, attraverso il gioco, i bambini possono insegnarci. Noi siamo pronti a insegnare loro come si fanno le cose, ma come si inventano le cose, forse, sono proprio loro che possono insegnarcelo; perché, nel loro cervello c'è questa grande fluidità di pensieri e di desideri. Fluidità che, in seguito, non c'è più perché, man mano che si invecchia, questa ricchezza, questo flusso di desideri e di idee, in qualche modo, si dissecca soprattutto nel periodo intermedio, in cui l'uomo è più attivo. Invecchiando, al contrario, si torna bambini e si riacquista una certa libertà, anche se, certamente, il cervello non ha più quella scioltezza che gli deriva dall'essere appena nato. Tuttavia, il fatto che l'uomo cerca di tornare all'infanzia, sia pur non riuscendoci, ci insegna che tutto sommato, verso la fine della vita, si riconosce l'importanza determinante del primo periodo della vita, quello in cui tutto ciò che fa parte del mondo viene proiettato verso di noi e noi lo accogliamo e sviluppiamo la nostra identità, che ci rende diversi da chiunque altro.

La nostalgia dell'infanzia, che è il frutto della saggezza conquistata, deve far capire a chi sta vivendo questo straordinario periodo della vita, quanto bisogna riflettere sul suo valore, sulle sue ricchezze. Voi dovreste fare in modo che il periodo della vostra vita che state vivendo rimanga dentro di voi e sia la vostra guida.


Intervento di Paolo Portoghesi alla manifestazione "I bambini incontrano la città", 31 Ottobre 1997, Sala Borromini, Roma.

# I Giardini della Memoria
*di Petra Bernitsa*

*Là dove un tessitore rattopperebbe la sua tela,*
*dove un calcolatore abile correggerebbe i suoi errori,*
*dove l'artista ritoccherebbe il suo capolavoro ancora imperfetto*
*o appena danneggiato, la natura preferisce ricominciare dall'argilla,*
*dal caos; e questo sperpero è ciò che si chiama l'"ordine delle cose".*
Marguerite Yourcenar

*"L'inconscio si esprime per immagini"*, usava dire Carl Gustav Jung. Ma a queste immagini di sogni, di miti e di leggende l'uomo adulto guarda sempre meno. Il bambino, sin dalla sua prima infanzia, ne è invece portatore, ha una capacità di comunicare per mezzo del disegno, che precede la parola scritta. Ciò che mette in relazione il suo mondo orale con quello scritto è il disegno, attraverso il quale si relaziona con il mondo e comunica. Il disegno del bambino in questo senso è il simbolo che mette in relazione la parola e la cosa. Il suo linguaggio visivo precede quello scritto, segnando quel passaggio delicato dall'oralità alla scrittura, attraverso l'immagine. Le parole e le immagini segnano i due modi speculari e complementari attraverso i quali la memoria dei bambini si configura nel tema del giardino. Insegnare ai bambini a leggere il giardino significa, quindi, ritornare all'origine iconica degli elementi che configurano lo spazio per interpretarli in base al percorso del progetto scelto. Per interpretare bisogna prima conoscere diversi giardini e creare la nostra immagine di giardino in modo analogico, perché l'analogia in arte è quella specie di sintonia che si crea fra l'opera e l'osservatore, suscitandogli delle sensazioni immaginative o fantastiche.

Il costruire immagini è una facoltà che distingue l'uomo dagli altri animali. *"I Latini chiamano la memoria* memoria, *quando essa custodisce le percezioni dei sensi,* e reminiscentia, *quando le restituisce. Ma nello stesso modo designavano la facoltà grazie alla quale noi formiamo delle immagini, che i Greci chiamano* phantasia, *e noi immaginativa; perché ciò che volgarmente si dice di noi immaginare, i Latini dicevano memorare... Così i Greci dicevano nella loro mitologia che le Muse, le virtù dell'immaginativa, sono le figlie di Memoria"*.[1] Si rinviene, così, il legame fra memoria e immaginazione, memoria e poesia. La parola giardino chiama in campo la nozione di memoria. Far progettare ai bambini un parco significa, prima di tutto, farli lavorare sul senso della loro memoria e, quindi, della loro identità sia individuale sia collettiva. *"Ogni volta che l'uomo chiede alla natura di farsi giardino, di rinunciare alla sua globalità misteriosa per definirsi "a misura d'uomo", in un insieme dotato di significato, rievoca un passato primigenio, una condizione di felicità perduta, di cui il giardino è simbolo. Il giardino nasce dal desiderio di ripristinare il ritmo della natura come apparve alle origini e per questo è anche memoria"*.[2] Si tratta quindi di educare il bambino alla consapevolezza del suo ambiente, per renderlo un soggetto attivo, pur sempre mantenendo la sua qualità di dilettante, capace di dialogare con l'esperto. La parola greca Kepos, che

*translation on page 121*

vuol dire orto, giardino o fiore di giardino, deriva dal verbo kepeuo, che vuol dire coltivare in giardino, nel senso del prenderne cura, del dargli vita. Per i greci il giardino era, dunque, alla base della concezione della vita umana e animale. Sofocle parla dei giardini di Adone, composti di fiori che fioriscono e sfioriscono, per indicare la ciclicità della nascita e della morte. Il significato vitale di kepos sembra tornare a essere di grande attualità nella progettazione degli spazi verdi nei centri urbani e nelle loro periferie. Spazi dove mancano gli ambiti vitali senza i quali è impossibile crescere, vivere e morire armonicamente.

Attraverso l'esperienza didattica con i bambini sono emersi i due mondi speculari e complementari nel progettare il giardino della loro fantasia: quello espresso dal racconto, che si fonda sulla memoria delle parole e quello espresso dal disegno, che si fonda sulla memoria delle immagini. Nello stesso modo, *"Narciso e la ninfa Eco rivelano più semplicemente il gioco delle immagini che non possono aver voce e delle parole che non si possono vedere"*.[3] La scelta del tema del giardino nel suo significato intrinseco di memoria aiuta i ragazzi a capire la loro identità sia individuale sia collettiva, così come per Adriano i percorsi della memoria si intrecciavano con le sue opere: villa Adriana a Tivoli, il Pantheon, il Mausoleo. La progettazione di un giardino ha una funzione educativa, strettamente legata alla sfera emotiva del bambino: ci sono giardini che  risvegliano la serenità, la vivacità di carattere, la dolcezza, la disponibilità al gioco o ancora invitano alla contemplazione. Obiettivo del progettare un parco o un giardino, è anche quello di educare i bambini a comprendere la città con i suoi vuoti. Perché il vuoto che sta in mezzo alle cose è quello che dà loro un senso e una identità. È questa la funzione dei giardini, delle piazze e delle strade. Comprendere l'importanza del vuoto aiuta a comprendere la differenza che esiste fra le città  estese verticalmente, radicate nella terra di giardini e orti e le città estese orizzontalmente, che distruggono la campagna, gli orti, la natura. Abitare e costruire sono, quindi, coimplicati nel divenire delle città.

Ciò che l'uomo crea risponde a tre principi: il principio di utilità che si rifà al proprio corpo, il principio della bellezza che si ispira all'anima e infine il principio della solidità e durata, che comprende entrambi i riferimenti: il corpo e l'anima. Tra le arti l'architettura è quella che realizza questi principi al massimo grado.

Eupalino, architetto in cerca di verità, bellezza, unità e armonia, avrebbe insegnato al bambino, che nasce plurimo, a scoprire il mondo, la vita, la sua architettura per diventare individuo (sono nato plurimo e sono morto uno, Socrate). Per insegnare al bambino l'architettura del giardino, avrebbe scelto di passeggiare in una città esistita e ancora esistente come Roma, di cui abbiamo perso completamente la memoria: la memoria di Roma primitiva, quella dei sette colli, che disegnavano uno scenario dove il ritmo naturale prevaleva su quello artificiale, o almeno – sembrava – intrecciarsi ad esso contrapponendo al giardino i boschi sacri (chiamati luci o nemores), come quelli che differenziavano l'uno dall'altro i sette colli in funzione delle essenze che li componevano. Una città fatta più di giardini che di case, più di vuoti che di pieni. Passeggiando insieme, Eupalino e il bambino vedono le singole parti che compongono il giardino e, muovendosi e dialogando, compongono narrativamente l'unità del giardino. Eupalino insegna che l'unità del giardino si coglie muovendosi, passeggiando e meditando e che "nella tradizione l'archetipo del giardino si tinge così dei colori della nostalgia e dell'attesa, di un continuo scambio tra mondo vegetale e mondo umano proiettato verso la giustizia, la pace e la contemplazione.

Adriano, filosofo e architetto, nei suoi interventi: il Mausoleo, Villa Adriana a Tivoli e il Pantheon tiene sempre conto del valore simbolico dell'orientamento. Sono costanti i riferimenti all'ideale dell'armonia con il cosmo, che è espresso attraverso gli elementi fondanti del progetto architettonico. L'orientamento, che sta per guardare ad oriente, all'origine della luce, ci invita nel suo simbolismo a guardare alla spiritualità, alla saggezza, alla vita contemplativa, all'anima universale. Adriano, architetto e filosofo, offre al bambino, con le sue opere, un percorso costruito attraverso i frammenti della memoria dei luoghi della sua vita. Come il bambino, l'imperatore gioca a mettere in relazione  frammenti della sua esperienza del bello e del suo essere nel mondo. *"Trahit sua quemque voluptas: ciascuno la sua china; ciascuno il suo fine, la sua ambizione se si vuole, il  gusto più segreto, l'ideale più aperto. Il mio era racchiuso in questa parola: il bello, di così ardua definizione a onta di tutte le evidenze dei sensi e della vista. Mi sentivo responsabile della bellezza del mondo. Volevo che le città fossero splendide, piene di luce, irrigate d'acque limpide, popolate da esseri umani il cui corpo non fosse deturpato né dal marchio della miseria o della schiavitù, né dal turgore d'una ricchezza volgare."* [4]

Attraverso il paesaggio e l'esperienza estetica Adriano comunica se stesso e la sua spiritualità. Portoghesi insegna ai bambini a pensare il giardino come un albero che nasce dalle sue radici e non dal terreno. *"Quando si contempla un paesaggio esso ci appare come sfondo di una figura invisibile che è la vita umana stessa  come realtà o come potenzialità futura, scenario di una rappresentazione quindi, il paesaggio, della commedia umana è specchio di un ideale equilibrio che parla ai nostri sensi di ere lontane, all'alba della civiltà e della storia... Il rapporto architettura-natura ha il suo suggello nella nozione di paesaggio e la storia di questa parola (deriva in tutte le lingue neolatine dal latino pagus, villaggio) chiarisce bene come la presenza dell'uomo, dei segni dell'antropizzazione della terra, sia stata un elemento fondamentale perché alla veduta e quindi alla "rappresentazione" di una vasta estensione di territorio si attribuisca un valore estetico".* [5]

L'osservazione del paesaggio fa, quindi, parte dell'esperienza estetica, attraverso la conoscenza e la contemplazione del paesaggio si impara a sentire, a interagire con l'ambiente usando tutti i sensi. Il percorso che Adriano potrebbe offrire ai bambini è quindi un percorso "sensoriale", un intreccio tra l'esperienza estetica e quella del contatto diretto con la materia. Il Mausoleo, che si trasforma successivamente in Castello, testimonia la memoria di Adriano e, allo stesso tempo, con la sua presenza materica si pone come elemento che svetta e si impone. Il castello è una dimora solida, protettiva e di difficile accesso, che rappresenta simbolicamente la congiunzione dei desideri, dove si attende il principe innamorato o la viaggiatrice meravigliosa. Il Mausoleo e la

Villa Adriana sono, quindi, due luoghi didattici, luoghi dove si esplicita l'idea del "genius loci", secondo la quale ogni parte è condizionata dalla natura del luogo. In egual modo, nel giardino italiano ogni parte ha una precisa destinazione: un punto è adatto alla lettura, un altro alla passeggiata o al gioco. Qui gli adolescenti potranno correre liberamente, lì potranno riposare gli anziani. Uno degli elementi essenziali che hanno contribuito all'affermazione del giardino italiano è il rapporto giardino-paesaggio. Nel disegno del giardino italiano il paesaggio che lo racchiudeva veniva incluso naturalmente, giardino e paesaggio erano parte della stessa composizione. Lo sguardo del bambino, la sua innocenza sono alla base della creatività e della libertà. Libertà di prefigurare e immaginare la veduta che si fa paesaggio. Allora, le favole sono vere, e, tra queste, la più vera è la favola del giardino, insegna Italo Calvino. Ciò che emerge nella vicenda di Cosimo, barone rampante, è l'idea di libertà senza confini identificata con l'idea di giardino universale, "sospeso" al di sopra dell'umana miseria. Il giardino, in questo senso, assume un significato nuovo, quello appunto di luogo della libertà, oltreché  luogo vitale, di piacere, di felicità e di apprendimento.

Nel percorso della mostra "Arte e Natura", "I Giardini della Memoria" rappresentano un evento nell'evento, un percorso sugli archetipi del giardino che si integra con la ricerca di Portoghesi, volta a individuare l'armonia strutturale tra architettura e scenario naturale. Le pietre di Auro si insediano nella cavità della montagna-castello così come certi insediamenti si inseriscono nella cavità della roccia, come cristalli naturali. La mostra, in quanto "campo", in quanto sistema di luoghi offre, in tal modo, diversi percorsi di lettura che, sfruttando la natura del luogo – mausoleo, castello e museo – consentono al visitatore di comprendere il linguaggio dell'arte a partire dai suoi archetipi, dai suoi riferimenti naturali o, come dice Portoghesi, "frammenti geomorfici". *"Gli archetipi esprimono – infatti – nel campo dell'architettura la dimensione collettiva e la stratificazione più ricca di esperienze cumulate nel tempo da generazioni e generazioni e quindi sono il più efficace antidoto contro l'arbitrio individualistico e l'esasperazione dei processi di cambiamento privi di motivazioni profonde."*[6]

I dieci progetti elaborati dai ragazzi di altrettante scuole romane, attraverso l'analisi del paesaggio della città e delle peculiarità dei luoghi, ripropongono le figure  e gli archetipi della tradizione italiana del giardino. Le tematiche scelte svelano, infatti, i desideri e i bisogni dei ragazzi così come sono stati filtrati attraverso la loro memoria della città e la conoscenza delle forme e dei significati di giardino. Le tematiche e gli argomenti proposti, attraverso la discussione dei gruppi, nella prima fase del lavoro, quella della produzione di disegni che rappresentassero l'idea fantastica di giardino, hanno anche contribuito a superare la fase del pensiero omologante, della proposizione passiva degli stereotipi.

**L'ovale della cooperazione** è il tema che emerge dal lavoro della Scuola elementare "Antonio Gramsci"; il progetto prevede, infatti, come priorità il collegamento con il quartiere e, riproponendo la forma dell'ippodromo della villa di Plinio e del circo delimitato sui lati da filari di platani e querce, prefigura uno spazio destinato alla socializzazione, all'incontro e al gioco. Questo tema si ritrova anche nel progetto della scuola "Anna Frank", dove la pista multi-uso ricorda la forma dell'ippodromo. La **fantasia** è il tema del progetto della Scuola elementare di Via Frignani-143° Circolo, che interpreta il labirinto del giardino di Bomarzo e la dimensione onirica delle figure mostruosamente deformi per stupire e introdurre al gioco della scoperta. L'**ordine** è l'elemento prevalente nel "Giardino degli uccelli" progettato dalla Scuola elementare "Guido da Verona". Un giardino all'italiana, geometrico, che si ispira ai modelli delle ville rinascimentali, dove la semplicità dell'impianto geometrico richiama la complessità del paesaggio della campagna romana. La **fluidità** è il tema dominante della Scuola elementare 126° circolo di via Ferraironi, basato sulla presenza dominante del lago, memoria della loro passeggiata a villa Borghese, e sul percorso sinuoso dei viali, che mettono in relazione i luoghi del silenzio e della contemplazione con quelli destinati al gioco. L'acqua è l'elemento ordinatore e di connessione delle varie funzioni del giardino, insieme ai colori e ai profumi delle piante aromatiche e all'ombra degli alberi e del pergolato. Il richiamo all'acqua è anche il tema del progetto della scuola "Claudio Graziosi", dove la fontana suggerisce con il suo suono un modo di vita, scandito dal fluire dell'acqua nelle immediate vicinanze dell'argine del Tevere. Il suono, la **musica** è il tema della scuola "G.G.Belli", che propone  un elemento centrale per l'orchestra dei bambini. Intorno a questo elemento sono disposti gli alberi, la fontana della luna, il pergolato del silenzio, la panchina omaggio a Gaudì e infine gli spazi per il gioco. Il tutto, a sua volta, consente un passeggio dove si alternano suoni e silenzi armonici. La **centralità** è il tema che individua la scuola "Trilussa" per il suo progetto di giardino. Una figura a pianta circolare, come un'isola in mezzo al prato, con un pergolato che avvolge l'anfiteatro circolare, al centro del quale si trova una scacchiera per il gioco. Un progetto che si ispira alla prima proposta di  città giardino, l'isola di Citera, una delle città ideali rinascimentali, a forma circolare. L'**orientamento**, nel progetto "il giardino dell'incontro", della scuola "Italo Calvino", è rappresentato dalla rosa dei venti, elemento ordinatore dei percorsi, a partire dai quali si innestano i diversi luoghi del giardino: il giardino delle essenze profumate, la fontana e i labirinti, frammenti di giardino all'italiana, ma anche l'idea del giardino pensile riproposto negli elementi ludici del castello con il tetto giardino. L'**illusione** è il tema della scuola "Fabio Filzi" che, con la tecnica rappresentativa del trompe l'oeil, vuole aprire una finestra virtuale sul paesaggio circostante: la pineta che confina con il muro della scuola. Un muro che con l'immagine illusionistica e prospettica cattura il paesaggio alle sue spalle e fa da fondale per le rappresentazioni della scuola. Questo progetto sembra voler restituire l'idea della rappresentazione del giardino come negli affreschi delle case pompeiane.

Ciò che accomuna i dieci progetti romani è: l'unità nella molteplicità delle immagini; l'ordine nascosto, quello della tripartizione che struttura il percorso ludico, estetico e sensoriale; il viale che interpreta il giardino e connette le sue parti; l'albero che ha "un valore di per sé, quasi personale"; il pergolato, mimesi di un cielo continuo e simbolo di un microcosmo prezioso sulla terra; la fontana che non dovrebbe mai mancare in alcun giardino; i fiori che contengono il gene dell'impulso a formare un giardino e i colori dei sempreverdi, il riposante gioco delle sfumature; la panchina e la seduta; gli odori e i suoni; il gioco.

"Un interno consente il confronto con altri luoghi solo per mezzo della memoria o delle facoltà anticipatrici dell'osservatore." Il percorso della mostra interpreta, quindi, il percorso interno del Castello e mette in relazione immagini lontane e vicine, conosciute e meno conosciute del paesaggio romano. Immagini in relazione tra loro come quelle del Pantheon e del Mausoleo di Adriano, di S. Pietro di Michelangelo e prima ancora del Sangallo, di Sant'Ivo del Borromini e della Moschea di Portoghesi, dove il binomio albero-pietra esprime il dialogo fra il simbolo della vita dinamica rappresentata nella crescita rigeneratrice a cerchi concentrici del tronco, e la vita statica rappresentata dalla pietra che si stratifica nella cupola a gradoni. L'angelo che conclude il labirinto del castello, che all'esterno vediamo stagliarsi per primo contro il cielo pomeridiano, color porpora e oro del paesaggio romano, assomiglia all'"angelo della storia" del poeta Rilke; l'angelo che custodisce la *memoria che trasmettendosi dall'uno all'altro attraverso le parole e le immagini, costruisce una rete trasparente coinvolgendo uomini lontani nel tempo e nello spazio*", l'angelo che "lega e unisce il visibile attraverso l'invisibile"[7]. Attraverso i versi del poeta Rilke comprendiamo la catena di eventi e di opere che si intrecciano costantemente nell'itinerario di immagini della mostra "Arte e Natura" di Portoghesi e Auro e il loro potere di coinvolgimento. Una mostra, infatti, col suo messaggio universale ripropone quella dimensione del discorso, della conversazione che mantiene in vita e incoraggia le relazioni sociali, le forme di solidarietà e cooperazione, che altrimenti diminuirebbero sotto i colpi della logica formale della tecnica. Le regole della conversazione mantengono, infatti, tutto un complesso di convenzioni, senza le quali non esisterebbe vita sociale. Esse mettono gli individui in grado di condividere un insieme implicito di immagini e di idee che sono assunte come date e sono condivise da tutti. In sintonia con queste considerazioni, Portoghesi sostiene che, per comprender oggi la natura, è prioritario mettere da parte le conoscenze attuali, o potremmo dire i pregiudizi che utilizziamo per definirla. Non conosciamo più la "natura", di cui tra poco non resteranno che poche tracce, dal momento che da protagonista di una volta è relegata ad essere comparsa della tecnologia e ad essere coniugata al passato.


[1] MICHELET, J. trad.franc.di G. Vico, *De antiquissima Italorum sapientia*, Bruxelles 1835, ed.1971 I pp. 410-11 e Le Goff, *Storia e memoria*, Einaudi, Torino 1971, p. 385.
[2] PORTOGHESI, P. *Architettura e Natura*, Edizioni SKIRA, Milano (in corso di stampa).
[3] BRUSATIN, M., *Storia delle immagini*, Einaudi, Torino 1989, p.xvi.
[4] YOURCENAR, M., *Memorie di Adriano,* trad. it. Einaudi; Torino 1988, p. 127.
[5] PORTOGHESI, P., *Architettura e Natura*, op.cit.
[6] ARNHEIM, R., *La dinamica della forma architettonica*, trad. it. Feltrinelli, Milano 1983, p.110.
[7] PORTOGHESI, P., *L'angelo della storia - Teorie e linguaggi dell'architettura*, Laterza, Roma-Bari 1982, pp. VI, VII.

## Omaggio ad Adriano
## Auro e Portoghesi in Mostra a Castel Sant'Angelo
*di Mario Pisani*

La questione dell'orientamento costituisce una introduzione realmente felice al tema *Arte e Natura* che sia Portoghesi che Auro, un architetto e un artista, da tempo perseguono.

I rapporti tra questi due universi costituiscono un filone di pensiero su cui Portoghesi affina la riflessione teorica mentre il rapporto con i metalli, le pietre ed i cristalli, che per dirla con l'artista rappresentano *la luce della terra*, costituisce l'alveo essenziale su cui si articola l'intervento dello stesso Auro.

Le sue composizioni propongono un itinerario attraverso gli inesauribili valori che questi possiedono e hanno assunto, nel corso del tempo, nelle diverse civiltà. Sembra quasi che nelle creazioni dell'artista si avverta l'eco delle parole dell'imperatore Adriano quando, attraverso la mano di Marguerite Yourcenar, scrive: "*Quasi tutto ciò che il nostro gusto consente di tentare, già lo fu nel mondo delle forme: io volli provare quello del colore: il diaspro, verde come i fondi marini, il porfido poroso come le carni, il basalto, l'ossidiana opaca... Il rosso denso dei tendaggi si ornava di ricami sempre più raffinati; i mosaici delle mura e degli impianti non erano mai abbastanza dorati, bianchi, o cupi a sufficienza. Ogni pietra rappresentava il singolare conglomerato di una volontà, d'una memoria, a volte di una sfida* [1]".

Se è vero che *ogni edificio sorgeva sulla pianta di un sogno*, lo stesso possiamo dire per un gioiello, di una composizione di Auro nella quale sovente traspare un'atmosfera magica che evoca il respiro, o meglio ancora il suono del mondo ed è in grado di comunicarci che la Natura stessa rappresenta, nei suoi diversi aspetti, uno straordinario fatto artistico.

Nelle opere di Auro possiamo realmente cogliere l'invito alla riflessione su tali tematiche, in sintonia sia con il volume, in corso di pubblicazione, che raccoglie i suggestivi ragionamenti di Paolo Portoghesi su questo argomento, ma anche con il desiderio di andare persino al di là di quel volume, oltre quegli scritti, nel tentativo di individuare, nella mediazione del rapporto tra forma architettonica e forma naturale, una più puntuale struttura concettuale.

Le riflessioni dei nostri artisti nascono in sintonia con lo "spirito del tempo" e in particolare con la constatazione della necessità di tornare a intrecciare un rapporto equilibrato tra l'uomo e la natura, grazie anche ai positivi influssi esercitati dai movimenti ecologisti e dalle loro battaglie per salvare la terra, senza però sottovalutare il ruolo dell'ambiente artefatto e di tutto ciò che ad esso può far dar corollario, nella prospettiva di un grande riequilibrio tra ciò che va edificato e ciò che dobbiamo proteggere.

L'arte, ma soprattutto l'architettura, sembra ormai essere giunta al suo minimo storico, perdendo il compito istituzionale di controllo e miglioramento dell'ambiente, mentre molti l'accusano di essere tra gli artefici dei guasti ambientali, alcuni dei quali

*translation on page 125*

davvero irreparabili. "*Chi invoca per questa disciplina la pena di morte sembra però non tener conto che a essa si affidano le speranze di riequilibrio per quello che l'uomo saprà fare, per quello che saprà proteggere e anche per quello che sceglierà di non fare. Per questo nuovo compito occorre un'architettura 'rifondata' sulle ceneri del moderno, che sappia utilizzare ciò che le deriva dalla tradizione del nuovo ma anche da quello che proviene dalla tradizione dell'antico, che sappia utilizzare soprattutto una tradizione che attinge alla specificità di un luogo e di una cultura, ma si senta tributaria della tradizione universale in sé comprendente ciò che hanno fatto, in questo campo del lavoro umano, tutti i popoli della terra*"[2].

Negli scritti citati vengono evidenziati gli studi sugli archetipi e quindi si individua il rapporto esistente tra elementi presenti in natura e altri, come ad esempio l'arco, la muratura, la piazza e il portico, che sono ricorrenti nell'affabulazione architettonica, elementi che si manifestano in tutte le culture espresse dall'uomo.

Come spiega Portoghesi, "*Gli archetipi architettonici (…) attingono sia al bagaglio di attitudini che l'uomo porta con sé nel suo programma genetico, sia a quelle specificazioni di tale bagaglio che individuano diverse tradizioni di civiltà (…), sia, infine, a quelle ulteriori specificazioni che si acquisiscono con l'esperienza inconscia della memoria collettiva, partecipando alla vita sociale; si avvicinano molto a quelli che Jung ha definito gli archetipi dell'inconscio collettivo; ma se ne differenziano anche perché pur essendo immateriali hanno per loro natura un forte ancoraggio alla materia, una presa che coinvolge spesso a pieno spettro i nostri cinque sensi*"[3].

In questo caso, il rapporto tra la Natura e l'Arte e in particolare l'Architettura viene mediato dalle strutture concettuali, come ad esempio l'idea della delimitazione, un concetto che in natura ritroviamo persino nella cellula, nelle leggi che governano la stessa individuazione degli elementi, ma che rappresenta anche uno dei concetti basilari dell'architettura. Infatti, la delimitazione consiste nel recinto, un concetto che porta con sé l'individuazione di un luogo e in particolare del luogo sacro; consiste nel muro e quindi rappresenta la chiusura, ciò che separa l'esterno dall'interno, creando un dentro e un fuori.

Abbiamo inoltre la centralità, già affrontata nel volume, ma nelle ultime ricerche si va oltre quelle prime riflessioni, per sviluppare l'argomento come centro concettuale che prende l'avvio dall'osservazione della natura, ma che possiede una serie di proiezioni più specifiche e ravvicinate proprio nel lavoro dell'architetto.

Lo stesso può dirsi per il concetto della frontalità, un tema che si ritrova normalmente nelle forme naturali che obbediscono alla logica del movimento. La frontalità rappresenta nella sostanza l'individuazione di un avanti e di un dietro che si esprime nella struttura, ma raffigura anche il modo in cui alcune strutture subiscono l'influenza della forza di gravità. Ad esempio, esistono alcuni fiori che non hanno una struttura disorientata, ovvero mentre il classico fiore appare rivolto verso l'alto senza alcuna direzione, possiamo individuare particolari fiori, come il girasole, che possiedono una loro frontalità costituita proprio dall'orientamento. In genere anche gli animali sono tutti orientati, perché l'orientamento rappresenta una delle caratteristiche distintive proprio di questi esseri viventi. Questo tipo di esposizione della problematica del rapporto Natura-Architettura risulta particolarmente adatto alla riflessione e a salutari potenzialità didattiche, nel momento in cui la riflessione porta a individuare uno schema di pensiero concettuale che ha consentito il passaggio dall'analisi, dall'emozione e dalla percezione del fatto naturale alla creazione di un oggetto architettonico o plastico davvero denso di significati.

Uno dei sistemi concettuali più stimolanti è costituito proprio dall'orientamento e affrontare questa tematica significa riflettere sul rapporto tra l'architettura e il sole e, più in generale, con gli astri e i punti cardinali.

La parola stessa orientamento deriva da Oriente, quindi dall'individuazione del punto da dove sorge il sole, mentre più che gli altri punti cardinali l'oriente rappresenta in qualche modo la speranza, l'avvento messianico e quindi l'attesa compensata mentre il suo aspetto escatologico scaturisce dall'aver individuato nella parola orientamento la tematica della direzione.

In questo viaggio attraverso la concettualizzazione dello scambio tra architettura e natura compaiono davvero con naturalezza le forme proposte da Adriano, come ad esempio proprio la nostra Mole. Essa rappresenta un formidabile campionario di forme simmetriche e centralizzate che hanno un diretto rapporto con il modo di ragionare e di costruire della natura.

Come rammenta Portoghesi nei suoi testi, nel tentare l'approccio a questa tematica e porre in rapporto l'architettura con la natura, è essenziale prescindere dall'idea che si tratti di fermare l'individuo nel momento in cui trasferisce gli stimoli tratti dall'osservazione della natura sulle forme architettoniche. Un tratto fondamentale di tale approccio consiste infatti nel negare l'aspetto più immediato dell'imitazione. Occorre certamente che vi sia anche un processo di imitazione, ma ovviamente filtrato dall'astrazione e il fatto di individuare schemi formali, tratti dalla natura, in architettura, indica l'alleanza tra la natura e l'uomo che rimane un dato fondamento dell'agire, mentre il ricorso, anche ai giorni nostri, alla grande forza della natura potrebbe risolvere persino il problema dell'innovazione, che rappresenta un continuo bisogno dell'uomo, un bisogno sempre presente, che non può venire accantonato. Tale aspetto della tematica messa a punto dal progettista della Moschea si dipana per tutto l'arco della produzione degli ultimi anni e, in particolare, in uno dei progetti più recenti: quello per l'Auditorium di Betlemme, la cui planimetria viene tratta dalla foglia della vite.

Per quanto riguarda le opere di Auro, anche in esse si manifesta l'osservazione delle forme della natura che mostrano, in maniera ancora più evidente, il loro aspetto simbolico e terapeutico. L'artista, avendo operato più intensamente su questa tematica, mette a disposizione alcuni dati che ci fanno riflettere sulle potenzialità simboliche e terapeutiche di numerosi materiali, che hanno di certo anche un riflesso nell'architettura, e si pone in armonia con la linea di ricerca progettuale compiuta da Portoghesi. L'esplorazione delle potenzialità della materia costruttiva trova il suo parallelo nelle ricerche che esplorano, al di là delle loro dimensioni, le potenzialità estetiche. Auro, inoltre, realizza effetti ambientali nei quali interviene sia la musica che l'olfatto, per non parlare delle potenzialità energetiche che vengono stimolate dalla presenza di alcuni cristalli. Le sue composizioni rappresentano un esperimento *in vitro* e possono trovare un più largo impiego in architettura. In realtà, il controllo del valore ambientale dell'architettura appare abbastanza rozzo nella prassi quotidiana del progettista e, nella sua visione dell'effetto psicologico e simbolico della materia, si rapporta, nell'architetto, nell'ambiente adatto per la vita.

La mostra indica quindi nuovi percorsi possibili, ricchi di straordinarie potenzialità, e dischiude la soglia verso universi non solo più affascinanti ma anche più produttivi.

In definitiva le tesi espresse da Portoghesi su ciò che ha significato la Natura nella civiltà occidentale e in particolare su quanto la nostra civiltà sia debitrice di quella orientale proprio sul terreno del rapporto tra l'arte e la natura, possiedono una profonda attualità. In particolare, se osserviamo la riflessione scientifica e le recenti conquiste, sia se analizziamo la questione degli equilibri naturali, ma anche se consideriamo l'attuale riflessione filosofica, proprio mentre da più parti si invoca una geofilosofia che pone al centro la questione dell'abitare la terra come l'elemento più significativo dell'essere umano nella sua identità.

Vi è quindi un convergere di diversi punti di osservazione verso una rilettura creativa del rapporto con la natura, che effettivamente occorre ridefinire. Se poi pensiamo a un Paese come l'Italia, viene immediatamente da constatare che qui esiste una straordinaria ricchezza di beni culturali artificiali e di paesaggi, mentre il non riflettere su tali argomenti significa tutelare l'intutelabile, ovvero congelare alcune situazioni come se ci trovassimo di fronte a opere d'arte, mentre il paesaggio rappresenta una struttura in continua evoluzione, influenzata da un'infinità di fattori, e quindi assai difficili da conservare. Se è vero che si può conservare un'opera d'arte, per quanto riguarda un paesaggio lo possiamo tutelare solo se lo sottraiamo alla sua stessa quotidiana esistenza e alla storicità.

Certamente stiamo vivendo un momento estremamente propizio, ma la riflessione deve partire da zero e richiede una sua rifondazione. Per certi versi possiamo affermare che tali elaborazioni sanciscono la fine del Manierismo, inteso come continuo superamento di concezioni che derivano dalla cultura precedentemente accumulata e l'avvio di una nuova era, nella quale l'uomo compie un passo a lato, torna ad osservare la natura e, arricchito dai suoi insegnamenti, finalmente può *abitare poeticamente su questa terra*.

---

[1]  M. YOURCENAR, *Memorie di Adriano*, Einaudi, Torino 1988, p. 22.

[2]  P. PORTOGHESI, *Natura e Architettura*, in AA. VV. *Natura e Architettura La Moschea di Roma e altre opere recenti di Paolo Portoghesi*, Fabbri Editori, Milano 1993, p 27.

[3]  Idem nota 2, p. 22.

# MITO E LEGGENDA DI ADRIANO
*di Giancarlo Priori*

*Costruire, significa collaborare con la terra, imprimere il segno dell'uomo su un paesaggio che ne resterà modificato per sempre...*
Marguerite Yourcenar

La parola creazione, per dirla con Pindaro, *"conosce il principio e la fine della vita"*. L'artista è colui che, conoscendo la materia, la sa plasmare grazie alla sua personalità, facendogli assumere configurazioni frutto del proprio pensiero. Se la pietra costituisce il legame per eccellenza tra la pietra e il divino, l'architetto, in consonanza con il demiurgo, crea con la pietra nuove forme in scala microcosmica, imitando la natura. Il costruttore, in questo senso, realizza un mundus conclusus, *"un microcosmo che* – come scrive B. Parodi – *riproduce l'universo e che, per definizione, nulla del reale può escludere (la casa, infatti, è un'imago mundi)"*.

Tutto ciò per sottolineare i valori simbolici che possono assumere certe architetture che, in alcuni casi, diventano addirittura mito, come nel caso di Villa Adriana, tanto da costituire un esempio, per gli architetti moderni della seconda o terza generazione. Infatti Adriano, il suo "costruttore", è stato un punto di riferimento a partire da L. Kahn, che ne ha presentato l'interpretazione più autentica e felice, e a seguire per R. Venturi e C. W. Moore, che ne ne hanno ricordato la fondamentale lezione rispettivamente in "Complexity and contradiction in architecture" del 1966 e in "Perspecta" n°6 del 1960. Precedentemente, avevano guardato alla Villa anche i due più celebri architetti moderni: Le Corbusier e Wright. Il primo l'aveva fissata nei suoi celebri taccuini d'appunti durante il suo viaggio del 1910 e ne aveva riletto l'opera in alcuni suoi progetti, tra cui La Tourette, Chandigarh, Ronchamp, il secondo nel Florida Southern College. Intorno a Villa Adriana si è costruito, dunque, un mito che ha radici profonde e al quale hanno fatto riferimento anche gli architetti degli ultimi decenni. L'opera di Adriano fa parte di quei capolavori dell'architettura che appartengono a un patrimonio comune, inteso come universale, e di cui gli architetti, indipendentemente dagli stili o dalle mode, si riconoscono, forse proprio perché è l'emblema del significato di quel mondo sognato che è dentro la memoria di ognuno.

L'elemento catalizzatore di questo assorbimento mitico dell'insegnamento di Adriano è rappresentato certamente dal fantastico libro della M. Yourcenar, che ha contribuito a divulgarlo: l'autrice delle Memorie di Adriano descrive, infatti, poeticamente, ma verosimilmente, l'opera dell'imperatore e ne rappresenta – come afferma C. D'Amato – *"la piena realizzazione di un ideale di vita, pervaso da una cultura priva di false certezze che affonda le sue radici nella classicità e che da questa trae alimento"*. Per la conoscenza che si è fatta di Villa Adriana attraverso i libri, è necessario ricordare quelli di H. Kahler e di S. Aurigemma, testi che hanno messo in circolazione una planimetria di Villa Adriana che costituisce una interpretazione del classicismo così libera, così aperta al rapporto con la natura e il paesaggio da prefigurare, per alcuni

*translation on page 126*

aspetti, certi sviluppi dell'architettura organica e, per altri, certi sviluppi che il classicismo ha avuto anche in tempi recenti. La Villa Adriana è l'esempio più rappresentativo di questa libertà compositiva che è presente in moltissime architetture classiche e che ha la villa come topos ideale. Infatti la villa, rispetto ai palazzi o alle strutture urbane, ha sempre avuto un grado di libertà in più. Perché, in fondo, le ville sono concepite per mero piacere, per i luoghi in cui vengono costruite; e per godere dei luoghi bisogna anzitutto comprenderli, rispecchiarli, assimilarli attraverso l'architettura. In questo senso l'architettura diventa una celebrazione dei luoghi e si lega fortemente alla natura, acquistando una serie di significati nuovi.

Villa Adriana, d'altra parte, è uno degli esempi più enigmatici in quanto è un testo architettonico imbevuto di letteratura, essendo una villa che rievoca le esperienze di Adriano come grande viaggiatore. Da qui l'aspetto della memoria che, tipico della letteratura anche nella tradizione classica, si riversa nell'architettura forse per la prima volta. Indubbiamente, già nell'architettura greca c'erano stati dei "rinascimenti" o delle rievocazioni che potremmo definire dei neoclassicismi, mode di un ritorno all'indietro, ma quella di Adriano è un'esperienza quasi proustiana: la casa dove si vive nella parte finale della propria vita diventa una specie di ricerca del tempo perduto attraverso l'architettura. Questo, ovviamente, non poteva non colpire gli architetti moderni della seconda generazione, che in fondo hanno fatto della memoria un tema privilegiato – in modo particolare personaggi come R. Venturi e C. Rowe o V. Scully per il suo testo su Kahn e sui rapporti di questi con l'architettura adrianea – e che hanno saputo leggere nel classicismo le contraddizioni o le ricchezze tutt'altro che "accademiche".

Il mito è comunque il ruolo che l'esempio di Adriano, soprattutto nella sua Villa, ma anche nel Pantheon, ha avuto rispetto all'architettura degli ultimi decenni: un ruolo di provocazione, di rimozione di convenzioni; un invito anche al coraggio compositivo, per questa molteplicità di assi che si intersecano e che rispondono non solo alla giacitura del paesaggio, ma anche a una sorta di casualità, di "spettinatura". È indubbiamente un esempio clamoroso della capacità del mondo antico di anticipare temi che sono stati propri dell'arte moderna. Nell'ambito di quest'ultimo discorso s'inquadra il significato della mostra, che in fondo è una rivisitazione di Castel Sant'Angelo a partire da Adriano, fatta però da due artisti, Paolo Portoghesi e Auro, all'insegna di quelle che sono le proprie convinzioni e le proprie ricerche (...).

È un'operazione non troppo dissimile da quella fatta da Aldo Rossi con il Teatro del Mondo. Un oggetto che, circolando in quella zona di Venezia che è rimasta per secoli intoccabile, ha ricreato le condizioni di un colloquio che viceversa sembrava, per gli architetti moderni, proibito nel modo più assoluto. Quello di una mostra che costringe al dialogo con il monumento è un altro modo per riavvicinare antico e nuovo senza produrre quei guasti che sono inevitabili quando il nuovo si sovrappone, condizionandolo, all'antico. In questo caso è invece una veste leggera che il vento porta via.

## Natura e Architettura

*Testi di Paolo Portoghesi
e Petra Bernitsa*

Il percorso delle immagini è anche il percorso delle parole e dei concetti che scaturiscono dal gioco creativo e fantasioso del nominare. Un gioco, un'arte che si confronta con le immagini della natura, rispettando la loro origine "libera", che nasce dalla comprensione del caso e del movimento infinito. Le tematiche del "percorso delle immagini" nascono, quindi, dalla volontà di organizzare la lettura delle forme della natura attraverso chiavi poetiche che lasciano libera e dialogano con l'interpretazione di chi legge o, più semplicemente, guarda.

## Nature and Architecture

*Texts by Paolo Portoghesi
and Petra Bernitsa*

*This journey through images is also a journey through the words and concepts that set off the creative and imaginative game of naming. A game, an art that compares itself with the images of nature, respecting their "free" origins that are in the understanding of chaos and infinite motion. The themes of the "journey of images" come from the desire to organize the reading of the forms of Nature using poetic keys that leave open and converse with the interpretation of the person who is reading or, more simply, watching.*

## AGGREGAZIONE

L'aggregazione può esplicarsi nell'architettura come nei tessuti cellulari in tre fasi, distinte per il diverso rapporto tra spazio interno e spazio esterno: il primo è l'aggregazione di unità completamente isolate, ciascuna all'interno di un proprio territorio delimitato da un recinto; il secondo contempla l'aggregazione per tangenza e si orienta verso cellule rettangolari con angoli più o meno smussati. La terza fase è quella più ricca di potenzialità e comporta l'aggregazione di cellule accoppiate, una chiusa e una aperta. Nel mondo dei cristalli le griglie modulari, le intersezioni, le leggi complesse della simmetria governano i processi di aggregazione e di accrescimento, proprio come avviene nella decorazione geometrica e, quando gli studiosi di geologia e di chimica sono costretti a rappresentare strutture complesse (come quella del diamante e della lonsdaleite), i loro grafici finiscono per assomigliare alla decorazione islamica o ad evocarne i processi formativi mediati dai tracciati geometrici.

## CONNESSIONE

Il ponte ha una matrice antropomorfa perché il nostro corpo può farsi ponte in ogni momento, lo diventa quando attraversiamo un piccolo ruscello compreso nel compasso che formano le nostre gambe, lo diventa quando attraverso due mani che si stringono si crea un rapporto simbolico tra due esseri viventi.
La nomenclatura del ponte esprime la sua matrice antropomorfica; il ponte ha le sue "spallette", il suo "cervello" e le sue "reni". Ogni ponte ha il suo "parapetto" che ci permette di sporgerci sul vuoto, un muro che ha la misura giusta per trattenerci, che richiede e appaga.

## AGGREGATION

*Aggregation can probably be explained in Architecture as a kind of cell-tissue, and can be split into three distinct phases for the different relationship between the internal space and the external space: the first is the aggregation of units, each one completely isolated within its own territory whether or not described by an outside limit; the second contemplates aggregation by tangency and is about rectangular cells with more or less blunted corners; the third phase is that richer one of potentiality and leads to the aggregation of pairs of cells in which one is closed and one open. In the world of crystals, the modular grizzlies, the intersections, the complex laws of symmetry govern the processes of aggregation and growth precisely as happens in geometric decoration and when scholars of geology and chemistry are constrained to represent complex structures (such as those of the diamond and the lonsdaleite) their graphics end up looking like arabesques or seem to evoke formative processes mediated by geometric lines.*

## CONNECTION

*The bridge has an anthropomorphic matrix because our body can become a bridge at any moment, and it becomes one when we cross over a little stream, or when two people link hands to symbolize a relationship.*
*The nomenclature of the bridge expresses its anthropomorphic matrix; the bridge has its "shoulders-blades" "brain" and "kidneys". Every bridge has its "parapet" which allows us to lean out over the void, a wall just big enough to contain us, that requires and repays.*

AGGRE
GA
ZIONE

AGGREGAZIONE
1 Pannocchia di mais          2 Muratura incaica, Cuzco

CONNESSIONE
1 Arcobaleno          2 Muro romano

CON
NES
SIONE

RIPETIZIONE

AUTOSIMILARITÀ

RIPETIZIONE
1 Gruppo di bolle
  prodotte da un liquido

2 Residenze Enel, Tarquinia,
  P. Portoghesi.
  Coll.: G. Anselmi, H. Banks,
  M. Checchi, G. Cundari,
  R. Dettore, A. Miriam,
  E. Montrone,
  E. Norberg-Schulz

AUTOSIMILARITÀ
1 Broccolo romanesco

2 Tempio giainista
  in India

AUTOSIMILARITÀ

## RIPETIZIONE

La ripetizione, successione nel tempo e nello spazio di elementi simili o eguali, si ritrova nella morfologia dei cristalli e degli esseri viventi, dove l'elemento base è la cellula. La ripetizione è anche alla base dei comportamenti e dell'atto sessuale. In architettura la ripetizione genera il ritmo e l'alternanza e costituisce la base per la temporalizzazione dello spazio.

## AUTOSIMILARITÀ

Il concetto di "autosimilarità", per cui la parte somiglia al tutto e si ripete in dimensioni sempre differenti, è una delle qualità tipiche degli oggetti frattali ed è anche quella che, come vedremo, li imparenta strettamente con l'architettura e con le forme urbane.
Prendiamo per esempio le coste rocciose di un'isola. Il modello frattale postula che un infinito suddividersi del profilo di ogni golfo in una serie di golfi più piccoli, si ripeta all'infinito mentre in realtà questo processo di "scaling" si arresta quando, giunti all'insenatura minima reale, la frantumazione delle forme "auto-similari" cessa e ci troviamo di fronte alla sabbia e all'acqua marina.
Che la ripetizione di un pattern all'interno di uno simile suggerisca l'idea di un processo che può protrarsi all'infinito, è una verità psicologica che certamente ha avuto un peso nel suggerire l'adozione di modelli seriali e di procedimenti scalari nel campo dell'arte. Potremmo motivare queste scelte con ciò che può definirsi: "nostalgia dell'infinito", un sentimento che giustifica l'entusiasmo di molti artisti per la matematica dei frattali, in cui l'infinito è sempre dietro l'angolo in agguato.

## REPETITION

*Repetition, succession in time and space of similar or equal elements, is found in the morphology of crystals and also of cell-based life forms. Repetition is also the basis for sexual behavior. In architecture repetition generates rhythm and alternation and is the basis for the timing of space.*

## SELF-SIMILARITY

*The concept of "self-similarity", in which the part resembles the whole, is one of the typical qualities of fractal objects and is also that which, as we will see, relates them closely with architecture and with urban forms.*
*Let us take for example the rocky coast of an island. The fractal model postulates that an infinite subdividing of the profile of any gulf into a series of smaller gulfs, can repeat itself ad infinitum while, in reality, this process of scaling is arrested when, arriving at the smallest possible real inlet, the fracture of the "self-similar" forms ceases and we find ourselves with the sand and the sea.*
*That the repetition of a pattern at the inside of another similar suggests the idea of a process that can be protracted infinitely is a psychological truth that has certainly had some weight in the suggestion of the adoption of serial models and of scaling procedures in the field of art. We could motivate these choices with that which could be defined as "nostalgia for the infinite", a feeling that justifies the enthusiasm of many artists for fractal mathematics in which the infinite is always lying in wait around the corner.*

## Cavità

La cavità della mano, le mani unite per portare l'acqua alle labbra si trasformarono in una controforma, in una impronta diretta della mano, in qualcosa di avvolgente e carezzevole che racchiude, protegge e separa un *dentro* da un *fuori*. Il vaso sta alla casa come il seme alla pianta, perché ne racchiude il principio e fornisce il programma genetico per la sua crescita e sviluppo.

## Riparo

Se l'atto di abbracciare e l'uscita dal seno materno recano in sé il principio dell'abitare e del ripararsi, il gesto istintivo dei primati, che si riparano dal sole e dalla pioggia con le foglie e la corteccia degli alberi, introduce il bisogno degli ominidi e dei primi uomini di perfezionare il riparo al punto di separarlo dal proprio corpo.
Altra chiave naturalistica dell'archetipo della casa è il suo antropomorfismo. Nella tradizione religiosa indiana è frequente la tendenza a identificare casa e corpo umano. Manu descrive l'abitazione come composta da cinque elementi: le ossa coincidono con le travi, la carne e il sangue con la malta; nei rituali Yogi la colonna vertebrale è assimilata al pilastro cosmico e il corpo è "una casa con una colonna e nove porte" che sono ovviamente – gli occhi, le narici, la bocca, i capezzoli e due orifizi – i punti di contatto tra l'esterno e l'interno del corpo. Certamente l'albero, per le sue fronde e il suo tronco, insieme alla caverna naturale, fu il primo rifugio dalle intemperie e, soprattutto, dalla pioggia e in certi casi può esserlo ancora. L'uomo primitivo conobbe certamente alberi millenari anche di quelle specie arboree in cui il tronco, invecchiando, si svuota e forma al suo interno spazi accoglienti, abitabili come quelli divenuti famosi per essere stati usati da monaci e anacoreti in epoca relativamente recente.

## Cavity

*The cavity of the hand – the hands that come together to carry water to the lips are cast into a form directed by the hands, into something encircling and caressing that encloses, protects and separates an inside from an outside. The pot is to the house as the seed is to the plant, because it encloses its principle and supplies the genetic program for growth and development.*

## Shelter

*If the act of embracing and the baring of the mother's breast represent in themselves the principles of dwelling and taking shelter, the instinctive gesture of the primates, who took shelter from the sun and rain under the leaves and bark of trees, introduced the need of the hominids and the first humans to perfect their shelter to the extent that it was separate from their bodies.*
*Another naturalistic key to the archetype of the house is its anthropomorphism. In Indian religious tradition the house tends frequently to be identified with the human body. Manu describes the dwelling composed of five elements: the bones coincide with the beams, the flesh and blood with the mortar; in Yogi rituals the spinal column is compared to the cosmic pilaster and the body is "a house with one column and nine doors" which are, obviously, the eyes, the nostrils, the mouth, the nipples and the two orefices – the contact points between the inside and the outside of the body. Certainly the tree, for its branches and its trunk, along with the natural cave, were the first refuges from bad weather, especially the rain, and in some cases they may still be.*
*Primitive man surely knew ancient trees, also of those types whose trunks, when old, can be hollowed out to provide a cosy dwelling space, like those now famous used by monks and hermits of relatively recent times.*

CAVITÀ
1 Vulcano Etna
2 Cavità sacrificale in Perù
3 Vasi di terracotta

RIPARO
1 Un orang-utan
2 Uomo che si ripara,
  Trattato del Filarete
3 Uccelli dei pergolati:
  luogo dell'accoppiamento
4 Capanna, Perù
5 Edificio ligneo
  nei pressi di Oslo
6 Capanne di un villaggio,
  Dinder, Sudan

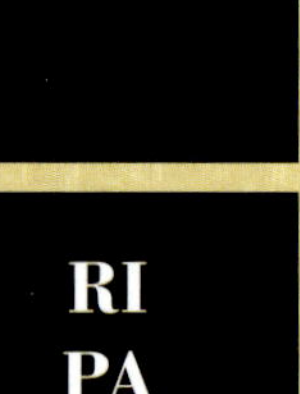

CENTRALITÀ
1 Aphelandra
2 Scheletro di animale marino
3 Fiore di iris
4 Frutto di melograno
5 Chiesa greco-ortodossa Milwakee, F. L. Wright
6 Chiesa barocca Saar, J. Santini Aichel
7 Cupola di S. Ivo alla Sapienza, F. Borromini
8 La casa del cielo, B. Taut

IRRADIAZIONE
1 Gru coronata
2 Teatro Politeama a Catanzaro, P. Portoghesi.
Coll.: F. Squarzina, D. Bianchi, P. Brega, M. Checchi, M. A. Duffy, E. Montrone, B. Palma

CENTRALITÀ

Il grado zero della centralità è il cerchio, che definisce il rapporto dell'uomo con la natura come totalità visibile. Circolare è l'occhio umano e circolare egualmente è la linea dell'orizzonte, quando l'occhio la segue nella pianura o nel deserto. Quella che poteva sembrare una linea retta, la linea retta per eccellenza, nella rotazione dello sguardo diventa una curva continua e chiusa. Su questa linea, indirettamente percepibile anche dove differenze di quota impediscono la visibilità, l'uomo ha iniziato a individuare le leggi cicliche della natura, le direzioni individuate dal movimento del sole, dei pianeti e delle stelle. La centralità è esemplificata nei fiori e nei frutti, così come nei microorganismi e nell'immagine di alcuni animali, con una ricchezza inesauribile che l'uomo ha finora utilizzato solo in minima parte.

IRRADIAZIONE

Legata alla nozione di centralità, l'irradiazione se ne distacca perché non presuppone la completezza. Se da un punto o da un corpo dotato di concretezza dimensionali si irradiano delle linee, non è necessario infatti che ciò avvenga in tutte le direzioni con uno o più punti prossimi in comune. Esempi di irradiazione sono frequenti nel mondo inorganico, come conseguenza di germinazioni multiple di cristalli, che nella gemmologia prendono il nome di "asterismi": tipico esempio quello degli zaffiri stellati della Mesolite, dell'Auricalcite o dell'Erythrite. In botanica l'irradiazione è propria delle infiorescenze a ombrella e della nervazione delle foglie palmate, mentre nel mondo animale si esemplifica negli artigli, nelle code degli uccelli, nella corona delle gru e nella ruota del pavone, la sua manifestazione più clamorosa e ricca di influenze dirette e indirette nella decorazione e nella composizione architettonica.

CENTRALITY

*Zero degree centrality is the circle that defines the relationship of man with nature as a visible totality. Circular is the human eye and equally circular is the line of the horizon when the eye follows it along the plain or in the desert. That which could seem a straight line, the straight line par excellence, becomes, in the rotation of the glance, a continuous and closed curve. On this line, indirectly perceptible even where differences in altitude impede visibility, man has begun to define the cyclic laws of nature, the directions of the movements of the sun, of the planets and the stars. Centrality is exemplified in flowers and fruits, just as in microorganisms and in the image of some animals, with an immeasurable richness that man has, to date, utilized only minimally.*

RADIATION

*Linked with the notion of centrality, radiation detaches itself in its incompleteness. If from a point or from a body that is dimensionally concrete some lines radiate, it is not, in fact, necessary that they radiate in all directions with one or more near points in common. Examples of radiation are frequent in the inorganic world, as a consequence of the multiple germination of crystals that, in gemology, take the name of "asterisms": a typical example is that of the star sapphires of the mesolithhs, of the Auricalcite or of the Erythrite. In botany radiation is seen in umbrella inflorescence and in the veining of palmated leaves, while in the animal world it is seen in the talons and the tails of some birds, in the crown of the crane and in the spread of the peacock, the most sensational and rich manifestation of direct and indirect decoration and in architectural composition.*

## COPERTURA

Filarete, in una illustrazione del suo trattato, mostra un uomo che, per ripararsi dalla pioggia, si "fa capanna" con le braccia, formando sulla testa la sagoma di un tetto a falde inclinate. Non molto dissimile è la sagoma che un piccolo orango plasma sulla sua testa con una grande foglia, racchiuso nell'accogliente cavità di un tronco d'albero, in una bella fotografia pubblicata da Michel Allaby nel suo libro "Animal artisans".

## SBALZO

Lo sbalzo ha, nel mondo naturale, i suoi modelli ideali: lo slancio orizzontale dei rami delle conifere o dei tronchi piegati dal vento, il volo degli uccelli, i tetti di roccia che interrompono le pareti rocciose verticali, la cappella dei funghi, lo staccarsi di certe foglie dallo stelo, spesso accompagnato da una sorta di avvolgimento che consolida e irrigidisce il legame tra l'elemento verticale e quello orizzontale, come avviene per esempio nel cardo dei lanaioli.
Lo sbalzo, che è in qualche modo un muoversi dal muro verso l'esterno dell'edificio o un proiettarsi in fuori dell'architrave o del solaio, presenta problemi analoghi a quelli della copertura, che è, al contrario, un muoversi dal muro verso l'interno. Quasi tutte le soluzioni date al problema statico dello sbalzo hanno un corrispondente nei problemi di dividere e coprire lo spazio interno. Così il sistema delle cupole a *tholos* si traduce nelle mensole sovrapposte e sporgenti, mentre quello della volta si traduce negli sporti voltati dei balconi continui.

## COVERING

*Filarete, in an illustration from his essay, shows a man who, to shelter himself from the rain, makes a "hut" from his own arms, forming the outline of a pitched roof over his head.*
*Not so different from that which a small orang-utan shapes over his head with a large leaf, enclosed in the cosy trunk of a tree, in the beautiful photo published by Miċhel Allaby in his book "Animal artisans".*

## CANTILEVER

*Cantilever has its ideal models in the natural world: the horizontal thrust of the branches of the fir trees or of tree-trunks bent in the wind, or the flight of birds; the rooves of rock that interrupt the vertical cliffs, the mushroom cap, the detachment of some leaves from the stem, often accompanied by a sort of wrapping that strengthens and rigidifies the bond between the vertical and horizontal elements as happens with, for example, the teasel (Dipsacus fullonum) plant. Cantilever which is, in some way, a moving away from the wall towards the exterior of the building and a projecting outwards of the architrave or of the slab, presents problems analogous to those of covering which is, on the contrary, a moving from the wall inward. Almost all of the solutions given to the static problem of cantilever have a correspondent in the problems of the dividing and covering of the interior space. So the system of the* tholos *dome is translated in the shelves protruding above while that of the vault is translated into the vaulted projections of the continuous balconies.*

COPERTURA
1 Frutto del papavero

2 Padiglione giapponese
nella villa di Katsura

SBALZO
1 Pallade che domina
il Centauro, S. Botticelli
(particolare)

2 Casa della cascata,
F. L. Wright

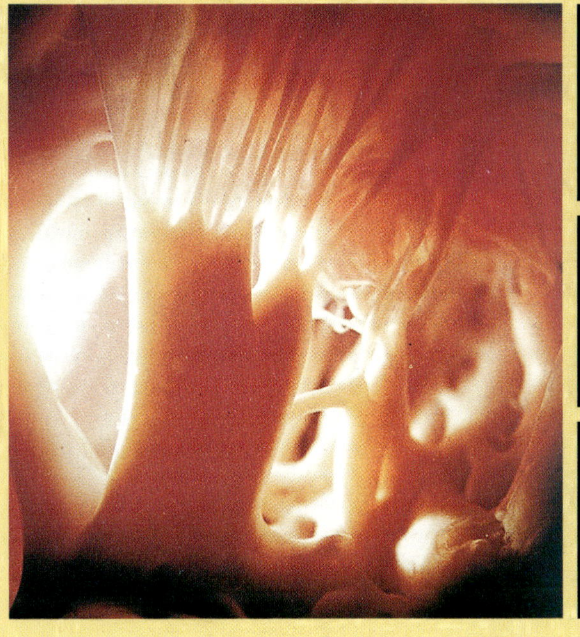

DIRA
MA
ZIONE

DIRAMAZIONE
1 Interno del cuore,
valvola tricuspide

2 Pilastri ramificati nella
chiesa dell'autostrada,
Firenze, G. Michelucci

RAMIFICAZIONE
1 Corteccia di albero

2 Chiosco del Duomo,
Amalfi

RAMI
FI
CAZIONE

## DIRAMAZIONE – RAMIFICAZIONE

Nella dicotomia: uno si divide in due. Dopo la dicotomia si passa alla ramificazione, che appare nelle scariche elettriche, come nel mondo della vita: nella struttura che accomuna le foglie venate, le lische di pesce, nei cristalli dendritici. La ramificazione, caratteristica dell'albero, ricorre nell'architettura, dalle cattedrali gotiche alle opere di F. L. Wright, che segnalò, in uno dei suoi primi scritti, l'esistenza nella lingua giapponese della parola *alberità (edaburi)*.

## ORIENTAMENTO

L'esaltazione della facciata, della sua fenomenologia storica, non esprime, come fu erroneamente affermato da un certo tipo di storiografia "modernista", la volontà di privilegiare una parte della scatola muraria, impedendo la lettura degli organismi spaziali retrostanti, ma piuttosto la volontà di collegare l'organismo dell'edificio a quello della città. Non è quindi involuzione di un modello, ma intuizione originaria della necessità di esprimere visivamente l'orientamento. Prima ancora che l'architettura stabilisse il suo statuto di opera artificiale, la facciata fu l'espressione dell'appropriazione da parte dell'uomo della caverna e della grotta. Nel rito di fondazione delle città, i romani facevano coincidere l'asse del templum con l'asse cosmico, i cui estremi sono la stella Polare a Settentrione e il punto che le corrisponde a Sud. In questo modo il Decumano, andando da Est a Ovest, proiettava sulla terra il corso del sole incrociando l'asse cosmico nel punto detto groma, perché in esso veniva fissato lo strumento che permetteva di controllare gli allineamenti. *"Ab uno umbilico in quattuor partes omnes centuariarum ordo componitur"*, si legge nel Corpus Agrimensorum Romanorum. L'accampamento militare e in seguito la città romana, attraverso l'ortogonalità della sua

## BRANCHING – OUT

*The dichotomy: one splits in two. After the dichotomy is the branching-out, which appears in electrical discharge just as it does in the real world – in the structure that associates veined leaves, fishbones, and forming crystals, branching-out, as a tree does, is a constant in architecture, from Gothic cathedrals to the architecture of F. L. Wright, who pointed out, in his early writings, the existence of the word in Japanese* edaburi (tree-ness).

## ORIENTATION

*The exhaltation of the facade, of its historic phenomenology, does not explain, as was erroneously stated by a certain "modernist" historian, the desire to priviledge a part of the wall enclosure, impeding the reading of the spatial organisms behind it, but rather the desire to link the organism of the building with that of the city. It is not, therefore, the involution of a model but the primal intuition of the necessity of visually expressing orientation. Even before architecture had established its status as artifice, the facade was the expression of the appropriation by man of the cave and the grotto.*
*In the founding of a city, the Romans crossed the templun axis with the cosmic axis, whose extremes are the North Star and its corresponding southern point. In this way the Decuman, going East to west, projected the route of the Sun on the Earth crossing the cosmic axis at the point called "groma" so that the instrument that permitted allignment verification could be fixed there. "Ab uno umbilico in quattuor partes omnes centuarium ordo componitur", is written in the Corpus Agrimensorum Romanorum. The military camp and later the Roman city, through the orthogonality of its structure, became the earthly projection of a cosmic archetype, and an analogous sacredness can be seen*

struttura, diventa proiezione terrena di un archetipo cosmico, e analoga sacralità si può cogliere anche nella domus, secondo l'osservazione albertiana che vede nella casa una piccola città e nella città una grande casa.

## ORTOGONALITÀ

L'idea di centralità si incarna nella croce a braccia tutte eguali, quella che si chiamerà poi "croce greca"; il primo segno che implica l'orientamento e quindi la definizione di un rapporto univoco con la terra. La croce, e quindi l'ortogonalità, trova la sua matrice nel rapporto che si crea tra l'orizzonte e il corpo umano eretto.

La croce, presente in natura soprattutto nei microrganismi ma anche nei cristalli e nei fiori, oltre ad essere simbolo cosmico per eccellenza ed equivalente geometrico dell'uomo con le braccia sollevate e dell'uccello in volo, è simbolo di intermediazione, di comunicazione tra luoghi, spazi e tempi diversi, crocicchio aperto e irradiante verso quattro direzioni.

L'osservazione della traiettoria del sole fornì la direzione ortogonale Est-Ovest, anche se non in modo immediato. Fu necessario che l'uomo osservasse il sorgere e il tramontare del sole durante l'intero corso di un anno e si accorgesse che il punto dell'orizzonte in cui il sole si spostava, allontanandosi e avvicinandosi a Nord in un ciclo che va dal solstizio d'estate al solstizio d'inverno passando per i due equinozi. Nel mondo romano la pratica dell'ortogonalità ha radici nella disciplina etrusca della divinazione, che consisteva nell'osservazione del volo degli uccelli e delle viscere degli animali, compiuta all'interno di un auguraculum o auguratorium dal collegio sacerdotale degli àuguri.

*also in the "domus", according to the Albertian observation that sees in the house a small city and in the city a big house.*

## ORTHOGONALITY

*The central idea is incarnate in the equal-sided cross, that which is known as the "Greek Cross" – the first sign that implicates orientation and, therefore, the definition of an unequivocal relationship with the Earth. The cross and, therefore, orthogonality, find their matrix in the relationship between the horizon and the erect human body.*

*The cross, present in nature above all in microorganisms, but also in crystals and flowers, aside from being the cosmic symbol par excellence and geometric equivalent for man with arms raised, and of the bird in flight, is the symbol of intermediation, of communication between places, spaces and different times, the crossroads, open and radiating in four directions.*

*The observation of the trajectory of the sun furnished the East-West orthogonal, even if not in an immediate way. It was necessary for man to observe the rising and setting of the sun throughout the course of a whole year and for him to figure out that the point on the hosizon in which the sun shifted moving closer or farther away from North in a cycle that goes from the summer solstice to winter solstice by way of the two equinoxes. In the world of the Romans, orthogonal practice was rooted in the Etruscan discipline of divination which consisted of the observation of the flight of birds and of the bowels of animals, which was done in the auguraculum or auguratorium of the sacerdotal college of augurs.*

ORIEN
TA
MENTO

ORIENTAMENTO

1 Cupola di S. Pietro
  al tramonto
2 Croce del Medico,
  America

3 Interno della cupola
  del Pantheon
4 Veduta della loggia
  del Bramante,
  Castel Sant'Angelo

ORTOGONALITÀ

1 Struttura cellulare
  dell'alga blue-green
2 Struttura ortogonale
  di una inflorescenza

3 Casa del Fascio,
  Como, G. Terragni

ORTO
GONA
LITÀ

SOVRAP
PO
SIZIONE

SOVRAPPOSIZIONE
1 Orchidea della specie
  gymnadenia
2 Nido delle termiti
3 La pagoda del tempio
  di Ysakushi-ji a Nara
  (VII sec.)

STRATIFICAZIONE
1 Parete rocciosa, Cascia
2 Parete rocciosa, Lessinia
3 Duomo di Orvieto
4 Muro medioevale

STRA
TIFICA
ZIONE

Sovrapposizione

La legge della sovrapposizione differenziata è
presente in natura in esempi infiniti, dalla sedi-
mentazione geologica che si rivela dove il terreno è selezionato, alle livree degli animali, a
quegli uccelli il cui piumaggio si arricchisce di
striature orizzontali e verticali, alle conchiglie
per le quali l'alternanza di fasce serve come
strumento di autorappresentazione o di mime-
tizzazione nell'ambiente.
La costruzione di un muro, come la realizzazione di un tessuto, avvenendo per strati sovrapposti, consente la sovrapposizione alterna di
materiali differenti per tessitura o per colore;
da questa possibilità deriva l'apparecchiatura
pseudoisodoma dell'architettura greca, in cui la
distinzione tra corsi sovrapposti è determinata
unicamente dall'altezza alternativamente maggiore e minore delle pietre impiegate. Una più
accentuata distinzione dei corsi ha prodotto
l'alterna sovrapposizione di materiali di colori
diversi, forse suggerita da esigenze tecniche, ma
certamente consolidata da una opzione estetica.


Stratificazione

Il compito assegnato dall'architettura alla stratificazione è quello di evidenziare la successione
temporale o accentuare la presa visiva di un
volume o di una superficie, proiettando nel-
l'oggetto artificiale caratteristiche derivate dalla
lettura delle forme naturali.

Superimposition

*The law of differentiated superimposition is
present in nature in infinite examples, from
geological sedimentation to the plumage of
birds, to shells, for which striping serves as an
instrument of self-identification or of camou-
flage.*
*The building of a wall, as in the weaving of a
fabric, built up of superimposed layers, allows
for the alternate superimposition of materials of
different textures and colors; from this possibili-
ty derives the pseudoisodome equipment of
Greek architecture in which the distinction
between superimposed courses is uniquely deter-
mined by the alternately greater and lesser
height of the stones. A more accentuated distinction of the courses produced by the alternate
superimposition of different-colored materials
suggested, perhaps, by technical requirements,
but certainly strengthened by aesthetic considerations.*

Stratification

*The task assigned by architecture to stratifica-
tion is that of highlighting temporal sequence or
accentuating the visual hold of a volume or a
surface, projecting on the artificial object characteristics derived from a reading of natural
forms.*

## Avvolgimento

L'idea di avvolgimento trova la sua espressione nelle braccia aperte dell'uomo, che abbracciano e insieme accolgono rendendo manifesto il movimento circolare. Come anche nel movimento delle danze rotatorie, il movimento circolare che esce dal punto di origine e lo mantiene e lo prolunga all'infinito si riscontra nel motivo semplice della spirale. Si tratta di una linea semplice che si avvolge su se stessa, similmente alle numerose spirali che si incontrano nel regno vegetale (viti, convolvoli) e animale (lumaca, conchiglie). L'avvolgimento esprime emanazione, estensione, sviluppo, continuità ciclica in progresso, creazione nel suo divenire. La morfologia ad avvolgimento, così frequente nei borghi collinari, ha il suo parallelo nella crescita dei tronchi ai quali ogni anno si aggiungono anelli di cambio, mentre lo schema a mezza luna o ad anfiteatro ricorda la curvatura delle vertebre, che pure ha ispirato Soria y Mata nella invenzione della Ciudad Lineal.

## Verticalità

Nell'idea della colonna alberga l'esperienza del tronco, dell'albero e quindi della foresta come qualcosa di penetrabile, dotata di una sua spazialità discontinua. Un tronco cilindrico è qualcosa che nasce e si sviluppa attenendosi alla legge del massimo risultato ottenibile con il minimo sforzo. Qualunque altra forma richiederebbe, per portare alla stessa altezza la chioma dell'albero, una maggiore quantità di materia. L'origine dell'idea di colonna probabilmente si confonde con l'origine del menhir, del totem, del sostegno centrale della tenda e della capanna o anche della colonna di fumo che dal centro della capanna si proiettava verso il cielo. Nel culto della Grande Madre, la colonna appare in molte raffigurazioni come "colonna della vita".

## The Coil

*The idea of the coil is expressed in the open arms of man which embrace and welcome in a circular movement. As also in the movements of roundabout dances, the circular movement that comes from the point of origin and maintains it and prolongs it infinitely is noted in the simple motif of the spiral. This is a simple line that turns round itself in imitation of the numerous spirals that can be found in the vegetable (vines, ivy) and animal (snails, conches) realms.*
*The coil expresses emanation, extension, development, cyclic continuity in progress, the coming about of creation. The coil morphology so frequent in hilltop villages is the same as the growth of trees in which for each year of life a ring is added, while the half-moon, or amphitheater, pattern recalls the spinal curvature that inspired Soria y Mata in the invention of the Ciudad Lineal.*

## Verticality

*In the idea of the tree-column, there is the experience of the trunk of the tree and, therefore, of the forest, as something penetrable, with its own discontinuous spatiality. A cylindrical trunk is something that comes from and develops according to the law of maximum results obtainable with the minimum force. Any other form would require a greater quantity of material to reach the same height as the foliage of the tree.*
*The origin of the column idea is probably mixed in with the origin of the menhir, the totem, of the central support of the tent or the hut, or also of the column of smoke that, from the center of the hut, projected itself towards the heavens. In the cult of the Great Mother the column is represented frequently as the "column of life".*

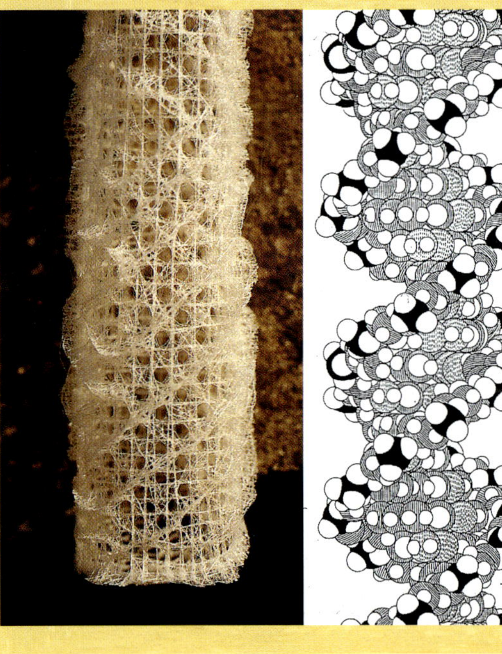

AVVOLGIMENTO
1 Spugna
2 La spirale del DNA
3 Scalone del palazzo Corrodi,
P. Portoghesi.
Coll.: G. Bertocchini, R. Aureli,
F. Bliek, C. Boutin, F. Bucarelli,
E. Madussi, A. Spitilli

4 Sede Regionale Catanzaro,
primo premio del concorso,
P. Portoghesi, A. Romano,
G. Arena, F. Nasso, D. Santoro,
P. Malana, M.R. Acciardi,
G. Macrì, V. Abate, G. Zizzi

VERTICALITÀ
1 Gran Canyon
2 Stelo vegetale,
(foto di A. Feininger)

3 City Center, Kuala
Lumpur, C. Pelli
4 Torri, S. Gimignano

FLUIDITÀ

1 Struttura ossea di serpente
2 Doppia curvatura
  nel collo di un cigno
3 Schema geometrico
  di Casa Andreis
  a Scandriglia,
  P. Portoghesi, V. Gigliotti
4 La Pedrera, A. Gaudì

FRAMMENTAZIONE

1 Pietra paesina
2 Gelatina essiccata
3 Cristallo dentritico
4 Cloruro di sodio
5 Veduta di San Giminiano
6 Tessuto urbano
  di Marrakech
7 Veduta di Cuzco
8 Veduta di Martina Franca

## FLUIDITÀ

La curvilineità possiede due valenze che la mettono in rapporto stretto con la natura: l'assoluta predilezione che gli altri animali del creato le dimostrano, quando costruiscono i loro rifugi, e la sua pervasiva presenza nel corpo umano e nelle forme biologiche. L'architettura degli animali dimostra, infatti, come il problema della difesa dalle intemperie non sia il solo a determinare la sua forma, ma come gli animali stessi posseggano un'istintiva attitudine a plasmare spazi artificiali sulla base dei loro movimenti e del loro stile di vita. Questo rapporto tra involucro e movimento determina spesso la curvilineità e la straordinaria ricchezza del repertorio di forme create dalle diverse specie. I Mercati Traianei, il Settizonio e i portici dei fori imperiali determinano la *forma urbis* romana, ritmata da accoglienti concavità, destinata a protrarsi e rivivere nel rinascimento e nel barocco romano, quello della città curvilinea e materna per eccellenza.

## FRAMMENTAZIONE

È la caratteristica di una suddivisione in parti dovuta a un processo chimico o biologico. Tipico esempio della frammentazione è il disseccamento e consolidamento di masse liquide, come il fango, dopo le esondazioni dei fiumi. Nell'architettura la frammentazione si traduce nel tassellamento, rivestimento di superfici orizzontali o verticali come elementi regolari o irregolari *(opus incertum).*

## CORRUGAMENTO

Al tema della nervatura come membratura vivente si ricollega l'interpretazione suggestiva quanto arbitraria del sistema gotico, come derivato da una puntuale imitazione del bosco e dal naturale convergere dei rami in un intrec-

## FLUIDITY

*Curvilinearity has two values that place it in close relationship with nature: the absolute predilection that the other animals of creation show for it when building their shelters, and its pervasive presence in the human body and in ecological shapes. The architecture of animals show, in fact, how the problem of shelter against the elements is not only a question of its shape but is also how animals themselves instinctively shape artificial spaces based on their movements and life-styles. This relationship between envelope and movement often determines the curvilinearity and richness of repertory within the forms created by the various species.*
*The markets of Trajan, the Settizonio and the colonnades of the imperial forums determine the* forma urbis *of Rome – a rhythm of concave lines, destined to be carried into the Roman Renaissance and baroque periods – that of the curvilinear and material city par excellence.*

## FRAGMENTATION

*The characteristic of a subdivision in two parts owing to a chemical or biological process. A typical example of fragmentation is the drying-out and solidifying of mud after a river has overflowed its banks. In architecture fragmentation can correspond to reinforcement, lining of horizontal or vertical surfaces as regular or irregular elements* (opus incertum).

## CORRUGATION

*To the theme of veining as living membrane is reconnected to the equally evocative and arbitrary interpretation of the Gothic system as derived from a punctual imitation of the forest and of the natural convergence of the branches intertwined*

cio simile a una serie di ogive. Il modello osteologico che si sviluppa endemicamente si accoppia con quello del sistema nervoso e della rete dei tendini, che nel corpo vivente non solo consentono il movimento ma contribuiscono alla stabilità, equilibrando la forza di gravità. A questo riferimento organico si aggiunge l'esperienza pur sempre "costruttiva" della tessitura e dell'arte del cestaio, in cui risplende la vocazione "casistica" dell'ingegno umano, mai stanco di sperimentare la diversità.

## Crescita

La nozione di crescita tipica della biologia sembra dapprima sostanzialmente estranea a una disciplina come l'architettura, riguardante oggetti composti di materia inerte che può degradarsi ma non certo crescere in senso letterale; ma è pur vero che architettura non è solo un insieme di oggetti, ma una sorta di linguaggio e, oltre che nella serie di edifici costruiti dall'uomo, vive in un modo immateriale nella nostra memoria e nel nostro cervello ed aspira a partecipare della forma organica degli esseri viventi.
Se l'architettura infatti solo raramente si accresce nel tempo nel rispetto della sua originaria unità (in questo caso la stessa nomenclatura di ali, braccia, avancorpi, sopraelevazioni, immediatamente rimanda a una concezione organica), l'urbanistica studia e programma la crescita urbana e ha individuato nei secoli modelli di sviluppo simili a quelli degli esseri viventi. Si pensi, per esempio, alla crescita urbana a macchia d'olio o per successivi avvolgimenti; il fenomeno è del tutto simile a quello che in botanica viene designato come accrescimento secondario (l'ingrossamento progressivo, per esempio, del tronco di un albero).

*in a way similar to a series of pointed arches. The osteological model develops endemically and couples with that of the nervous system and the network of tendons that, in the living body, not only allow movement but contribute to stability by balancing the force of gravity. To this organic reference we can add the "constructive" experience of the art of basket-weaving, in which shines the "chance" vocation of the ingenious human who never tires of experimenting with diversity.*

## Growth

*The typical biological notion of growth seems from the first substantially extraneous to a discipline such as architecture which concerns objects composed of inert materials that can decay but can certainly not grow in the literal sense; but it is also true that architecture is not just an ensemble of things, but a sort of language and, besides a series of built edifices constructed by man, it lives in an immaterial way in our memory and in our brain and aspires to participate in the organic form of human beings.*
*If architecture, in fact, only rarely grows in time with respect to its original unity (in this case the same nomenclature of wings, arms, foreparts, superelevations recall immediately an organic concept) urbanism studies and plans urban growth and has defined, over the centuries, development models similar to those of living beings. Think for example of sprawling urban growth; the phenomenon is entirely similar to that which in botany is designated secondary growth (the progressive enlargement, for example, of the trunk of a tree).*

CORRUGAMENTO
1  Foglia di ninfea
2  Petali di datura
3  Edificio aeroportuale,
   E. Saarinen
4  Volta nervata nel chiostro
   di Gloucester

CRESCITA
1  Cactus
2  Pianta centrale,
   Leonardo da Vinci

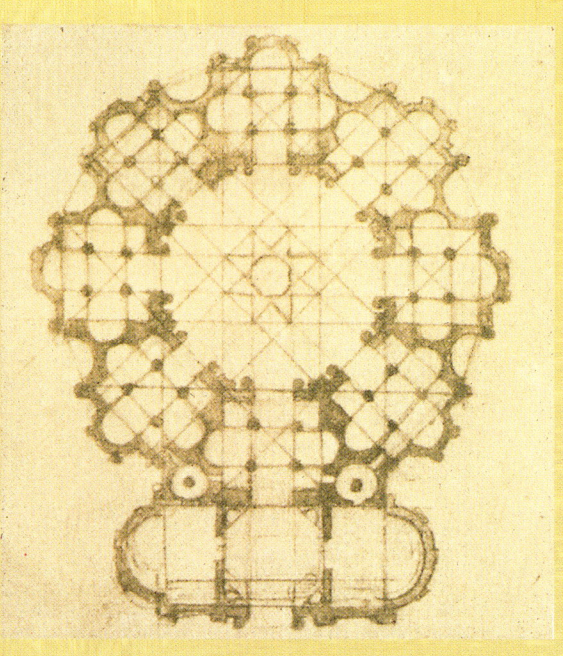

CRISTALLIZZAZIONE

1 Cristalli di quarzo
2 Cristalli di bismuto
3 Stazione idrobiologica, lago Fusaro, C. Vanvitelli
4 Casa del cielo, B. Taut

FORATURA

1 *Filodendrum pertusum*
2 Cavita naturale negli Stati Uniti
3 Occhio del Davide, Michelangelo
4 Granaio a Nepi
5 Oculo dell'edicola dorica della facciata di Propaganda Fide, F. Borromini
6 Rosone di Cattedrale

## Cristallizzazione

Nel mondo dei cristalli le griglie modulari, le intersezioni, le leggi complesse della simmetria governano i processi di aggregazione e di accrescimento, proprio come avviene nella decorazione geometrica.

## Foratura

Nata come accidente del muro che recinge e separa, la porta entra nel regno delle idee come puro transito, spaziale o temporale che sia, e perdendo specificità si unisce a infinite altre idee, acquistando la dimensione del simbolo.
Possiamo così parlare di porta del cielo, di porta dell'oceano o di porta della follia e della saggezza.
Nello scenario naturale, prefigurano la finestra come affaccio e come foro da cui penetra la luce, i varchi delle caverne e certe cavità delle pareti rocciose, attraverso le quali si scorge l'azzurro del cielo.
L'affacciarsi è termine che nasce dal processo di immedesimazione tra l'edificio e il corpo ed è in questa immedesimazione che va piuttosto ricercata la genesi naturale della finestra, intesa come cornice della figura umana, luogo dell'apparire verso l'esterno senza varcare il limite dell'interno.
La nozione di finestra come forma limitante, inquadratura che fissa l'attimo fuggente può essere ricondotta alla nozione di "cornice" e a ciò che nella natura racchiude la figura umana.

## Crystallization

*In the world of crystals the modular grizzlies, the intersections, and the complex laws of symmetry govern the processes of aggregation and growth, precisely as happens in geometric decoration.*

## Perforation

*Born by accident of the wall that surrounds and separates, the opening enters into the reign of ideas purely in transit, however spatial or temporal, and, losing specificity, is united with other ideas, taking on the dimension of the symbolic.*
*We can speak of an opening in the sky, in the ocean, or in madness and in wisdom.*
*In the natural setting, the window is prefigured as a look-out, a forum from which the light penetrates through the openings to the caverns and cavities in the rocky cliffs through which is discernable the azur sky.*
*Looking out is a term that comes from the process of identification between the building and the body and it is in this identification where we must search for the natural genesis of the window, intended as frame of the human figure, place of appearing to the outside without having to step over the threshhold of the inside. The notion of the window as a limiting shape, a frame that fixes the fleeting moment, could be traced back to the notion of the "cornice" and to that which in nature encloses the human figure.*

## Merlatura

La decorazione è spesso usata, nella composizione architettonica, per identificare le parti di un insieme organico o per sottolineare i confini. La cornice, elemento codificato dell'ordine architettonico, svolge spesso questa funzione di orlatura confermando il suo carattere ambiguo di elemento strutturale e insieme decorativo. La merlatura è la trasformazione del confine rettilineo della cornice (che definisce e chiude) con un confine mistilineo e articolato che accentua il rapporto tra gli elementi che separa (il costruito e il cielo). La sutura delle ossa del cranio è un esempio di merlatura che suggerisce l'invenzione del "velcro".

## Organicità

La descrizione di Roma suggerita da Gian Lorenzo Bernini al cavaliere de Chantelou illustra con grande efficacia il suo teatrale policentrismo: *"Il cavaliere ha fatto notare che all'altezza a cui si era non si scorgeva di Parigi che un ammasso di comignoli e questo dava l'impressione come di un pettine per cardare. Ha aggiunto che Roma ha ben altro aspetto, perché in un punto si vede S. Pietro, il Campidoglio in un altro, in un altro ancora palazzo Farnese, e poi Monte Cavallo, il palazzo di S. Marco, il Colosseo, la Cancelleria, il palazzo Colonna e così via, tutti situati qua e là e tutti grandiosi e di un aspetto magnifico e superbo".*
Il policentrismo può essere la conseguenza di un processo di sviluppo libero e contraddittorio, oppure una sorta di programma genetico che si sviluppa organicamente.

## Crenelation/Decoration

*Decoration is often used architecturally to identify the parts of the organic whole or to highlight the borders. The cornice, codified element of the architectural order, often carries out this hemming funtion, confirming its ambiguous character as both structural and decorative.*
*Crenelation is the transformation of the straight edge of the cornice (that defines and closes) into a mixtilinear and articulated edge that accentuates the relationship between divided elements (the building and the cycle) – the suture of the bones of the skull are an example of crenelation that suggests the invention of "velcro".*

## Organic Unity

*Gian Lorenzo Bernini's description of Rome to the knight de Chantelou illustrates with great efficacy his theatrical policentrism: "The knight pointed out that at that height all one could discern in Paris was a mass of chimneys and that this gave the impression of a carding comb. He added that Rome had quite another aspect, because at one point you can see St. Peter's, the Campidoglio at another, at yet another the Palazzo Farnese, and then Monte Cavallo, the Palazzo S. Marco, the Colosseum, the Chancery, the Palazzo Colonna and so on, all situated here and there and all grandiose, each with a magnificent and superb aspect".*
*Polycentrism can be the consequence of a process of free and contradictory development, or else a sort of genetic program that develops organically.*

MERLATURA

1  Cresta dolomitica
2  Sutura merlata
   tra le ossa del cranio
3  Merlatura di Cà d'Oro,
   Venezia.
4  Merlatura del Palazzo
   Ducale di Venezia

ORGANICITÀ

1 2 3 Cerchio e quadrato
   nelle proporzioni
   del corpo umano
4  La Rotonda, A. Palladio

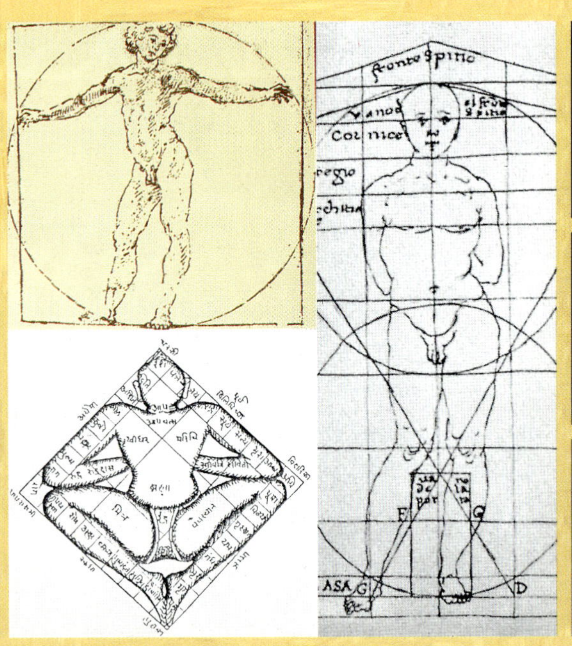

ORGA
NI
CITÀ

TESSITURA
1 Carciofo
2 Padiglione dell'esposizione di Colonia del 1914, B. Taut.

RECINTO
1 2 3 4 Quattro scheletri di radiolari da *Forme Artistiche della Natura* di E. Haeckel.
5 Tempio di Dodona, Grecia
6 Cortile del teatro di Castel Sant'Angelo
7 Giardino del Nuovo Regno in Egitto
8 Recinto di pietre che simula una moschea

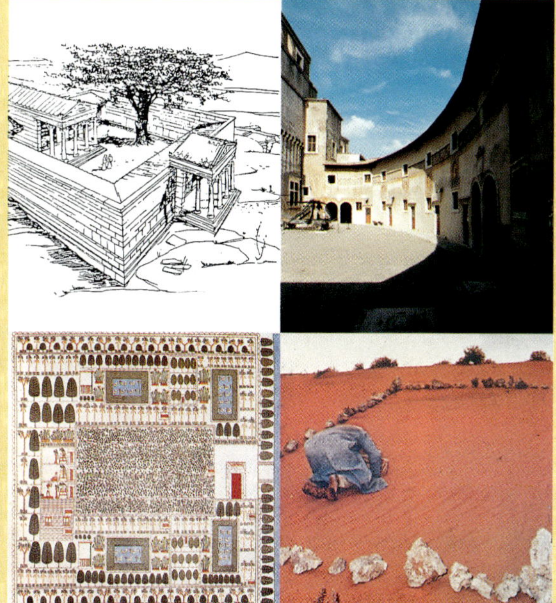

## Tessitura

La tessitura è un lavoro di creazione, un parto.
Quando il tessuto è terminato, la tessitrice
taglia il filo che lo fissa al telaio e, nel far ciò,
pronuncia la formula di benedizione che recita
la levatrice rompendo il cordone ombelicale del
nascituro. Tutto si svolge come se il tessuto tra-
ducesse in linguaggio semplice una misteriosa
anatomia umana. (J. Chevalier A. Gheerbrant)
Tessere non significa soltanto predestinare (sul
piano antropologico) e rivivere insieme realtà
diverse (sul piano cosmologico), ma anche
creare, esprimere la propria sostanza, come fa il
ragno che produce la tela da se stesso. (Eliot)
Come per la capanna, il problema di tenere
sollevato un tetto richiede, anche nella tenda,
l'uso di sostegni verticali e inclinati ancorati al
terreno; ma la leggerezza del materiale usato
richiede anche un ancoraggio a terra che viene
risolto non appena l'uomo è in grado di realiz-
zare delle corde attorcigliando pelli o vegetali.
È a questo punto che la natura offre un modello prezioso per l'operazione di tendere, di
ancorare, di creare sotto il tegumento delle
pelli o dei tessuti una sorta di scheletro portan-
te. Il modello è l'opera costruttiva del ragno,
architetto per eccellenza tra le specie animali.

## Weaving

*The weaving of a creative work, a birth. When
the weaving is finished, the weaver cuts the
thread that ties it to the loom much like the mid-
wife who cuts the umbilical cord of the newborn
infant. Everything takes place as if the weaving
translated in a simple language a mysterious
human anatomy. (J. Chevalier, A. Cheevbrant)
To weave does not mean only to predestine (on
the anthropological level) and relive different
realities together (on the cosmological level), but
also to create, express one's own substance, as does
the spider that produces the web by himself. (Elit)
Just as for the hut, the problem of holding the
roof up results also for the tent which needs vertical supports; but the lightness of the material used
requires anchorage to the earth, which man will
not resolve until he is able to twist cord from hair
or vegetables. It is at this point that nature offers
a precious model for the operation of holding,
anchoring, of creating under the tegument of the
hair or fabric a sort of load supporting skeleton.
This model is the constructive work of the spider,
architect par excellence of the animal world.*

## Recinto

Il concetto di limitazione e di chiusura è alla
base della nozione di giardino, inscindibile a sua
volta da quella di paradiso, parola derivata dal
persiano "paridaeza" che significa frutteto racchiuso, da cui derivano l'ebraico "pardes" tradot-
to dai settanta in paradeisos. Il giardino quindi è
in origine una parte della terra racchiusa da un
recinto; ma è anche memoria e rappresentazione
di qualcosa di originario, perduto ma non
dimenticato, e in certa misura riacquistabile.

## Fence

*The concept of limitation and closure is at the
base of the notion of the garden, inseparable in
turn from that of paradise, a word derived from
the Persian "paridaenza", which means enclosed
orchard, from which are derived the Hebrew
"pardes", translated as "paradeisos".
The garden, therefore, is originally a part of the
earth enclosed by a fence; but it is also the memory and representation of something original, lost
but not forgotten and, in a certain measure, reac-
quirable.*

## DISPIEGAMENTO

Il dispiegamento è lo svolgimento di una piega
o di una curvatura.
Processo tipico nelle morfologie delle foglie nel
momento in cui si aprono alla luce, si riverbera
nella composizione architettonica quando un
elemento si affranca dalla stretta connessione
con gli elementi contigui.

## TRASPARENZA

Osservando gli effetti prodotti dalla luce sulle
forme naturali, si acquisiscono le nozioni di
trasparenza, di chiaroscuro, di contrasto lumi-
noso, di profondità e di vuoto. Attraverso la
trasparenza, la riflessione e il contrasto con lo
sfondo, il soggetto acquista una *luce propria*
assumendo il ruolo di fonte luminosa. Nel
mondo animale la trasparenza delle ali degli
insetti o delle meduse crea l'illusione di una
materia senza peso.
La trasparenza è un attributo della materia
organica e inorganica quando si lascia attraver-
sare dalla luce. Il lavoro dell'uomo ha saputo
trasportare la trasparenza nelle materie artificiali e l'ha introdotta nell'architettura come qua-
litá metaforica nelle strutture lineari attraversa-
te dallo spazio.

## UNFOLDING

*Unfolding is the undoing of a fold or a curve –
typical morphological process, a leaf in the act of
opening to the light which reverberates in architectural composition when an element frees itself
from narrow communion with the surrounding
elements.*

## TRANSPARENCY

*Observing the effects of light on natural forms we
acquire a notion of transparency, of* chiaroscuro,
*of luminous contrast, of depth and void. Through
transparency, reflection and contrast with the
background, the subject takes on a light of its
own, assuming the role of light source. In the animal world the transparency of insects, or of jelly-
fish, creates the illusion of being made of weight-
less material.*
*Transparency is an attribute of organic material
when lights passes through it. Man has known
how to carry transparency into artificial materials
and has introduced it into architecture in the
metaphorical quality of linear structures that pass
through space.*

DISPIEGAMENTO
1 Betulla papyrifera
  (foto di A. Feininger)
2 Teatro Politeama
  a Catanzaro,
  P. Portoghesi.
  Coll.: F. Squarzina,
  D. Bianchi, P. Brega,
  M. Checchi, M. A. Duffy,
  E. Montrone, B. Palma,
  R. Vianello

TRASPARENZA
1 Ala di insetto
2 Esemplare dell'Ordine
  delle Narcomeduse, da
  *Forme artistiche della
  Natura* di E. Haeckel
3 Vetrata di separazione
  negli uffici della Johnson
  Wax a Racine,
  F. L. Wright
4 Danteum, G. Terragni

TRI PARTI ZIONE

TRIPARTIZIONE
1 Disegno di anonimo che critica la soluzione berniniana per la piazza di S. Pietro.
2 Gru coronata, Aviario del Piagarello
3 Oratorio dei Filippini, Roma, F. Borromini
4 Disegno per S. Paolo Fuori le Mura, F. Borromini

VIBRAZIONE
1 Scarpata di sabbia
2 Facciata dell'Oratorio dei Filippini, F. Borromini

VI BRA ZIONE

### TRIPARTIZIONE

È una delle caratteristiche costanti nell'architettura classica che ha come riferimento il corpo umano.

### VIBRAZIONE

L'idea della vibrazione, pur essendo astratta, si esprime nell'idea di continua trasformazione della luce in ombra e dell'ombra in luce. Luce che investe morbidamente le forme, lasciando che fermenti dall'ombra e l'ombra si impregni di luce.
Per Borromini il modo per allontanarsi *"dal fango della terra"* sembra essere la vibrazione monocroma della luce e la qualità ideale *"platonica"* delle sue decorazioni vegetali, pallide ed erompenti come il grano cresciuto al buio, che adorna i *"Sepolcri"* della Settimana Santa.

### TRIPARTITION

*One of the features constant in classical architecture which uses the human body as a reference.*

### VIBRATION

*The idea of vibration, being also abstract, is expressed in the idea of continuous transformation of light into shadow and of shadow into light, light which softly invests its forms leaving it to ferment in the dark and that the darkness is impregnated with light.*
*For Borromini, the way to get away "from the mud of the earth" seems to be the monochrome vibration of light and the ideal "Platonic" quality of his pale, bursting vegetable decorations, like wheat grown in the dark, that adorn the "Sepolcri" of Holy Week.*

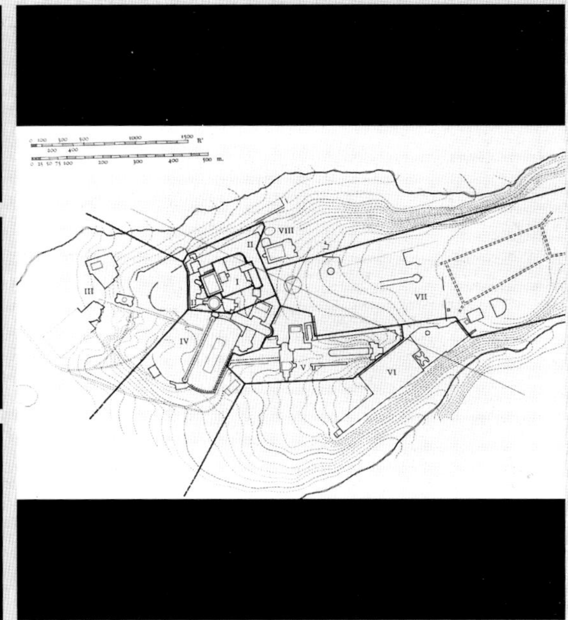


AGGREGAZIONE
1 2 3 4  Strutture cristalline    5  Planimetria
                                      di Villa Adriana, Tivoli

CONNESSIONE
1  Capri                    2  Arpino

CEN
TRA
LITÀ

CENTRALITÀ
1 Fungo
2 Fiore di passiflora
3 Fiore di dimorfoteca
4 Formazione di cerchi concentrici nell'acqua

5 6 7 8 Chiesa della Sacra Famiglia Salerno, P. Portoghesi, V. Gigliotti

IRRADAZIONE
1 Cometa di Halley
2 Cometa di Hale-Bopp
3 Spazio ecumenico P. Portoghesi. Coll.: B. Castagna, G. Mancarella

IRRA
DIA
ZIONE

DIRAMAZIONE
1 Olivastro millenario
  a Villacidro, Cagliari

2 Studio di un edificio,
  Cutignano,
  G. Michelucci

RAMIFICAZIONE
1 2 Pineta di Villa Pamphili

3 4 Salone termale
  di Montecatini,
  P. Portoghesi.
  Coll.: R. Franchitti,
  P. Bernitsa, R. Bertoni,
  M. Checchi, M. A. Duffy

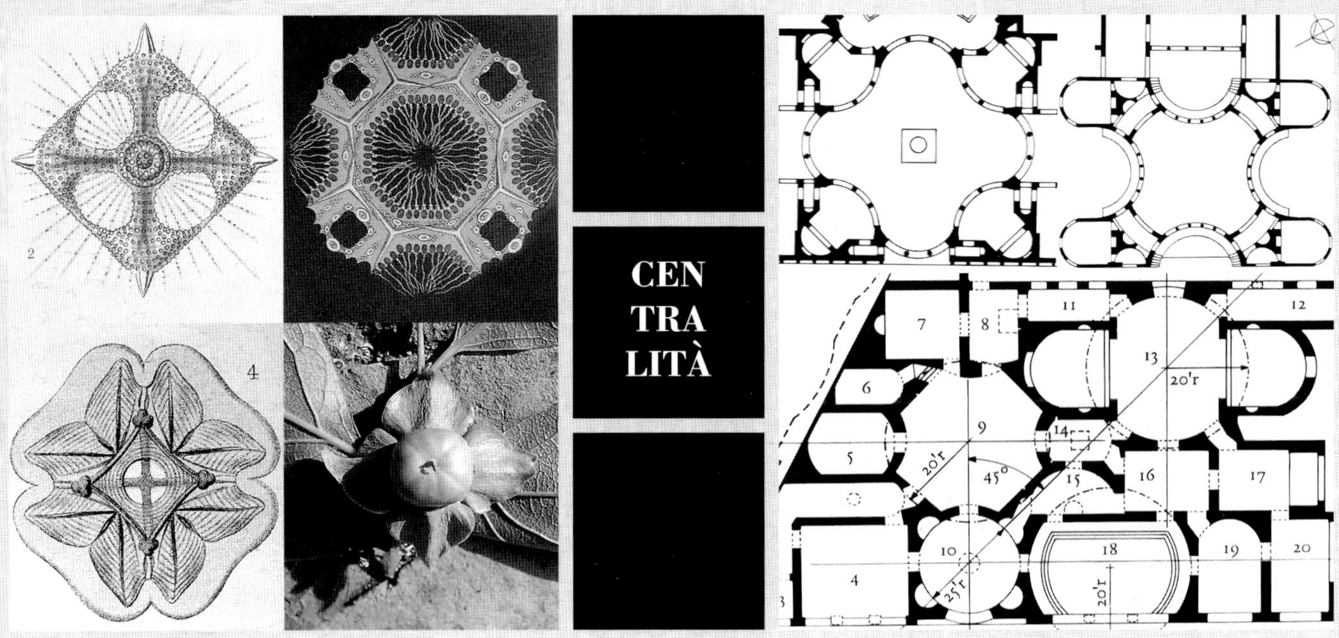



CENTRALITÀ

1 2 3 Scheletri di radiolari
4 Frutto del loto
5 Spazi interni
   di Villa Adriana a Tivoli

FRAMMENTAZIONE

1 Creto di fango
2 Basolato romano

CENTRALITÀ

1 Cristallo di mesolite
2 *Lichomorfa flagellata*
3 Fiore di strelizia
4 Colonia di Brusson,
  C. Scarpa
5 Facoltà di Architettura
  di Helsinki, A. Aalto
6 Teatro dell'Opera
  a Sidney, J. Utzon

VERTICALITÀ

1 Pannocchia di mais
2 Torri residenziali,
  Marina City, Chicago,
  B. Goldberg

AVVOLGIMENTO

1 Becco girgentano

2 Progetto per il Museo
De Chirico,
P. Portoghesi.
Coll.: L. Bertolaccini,
gemelli Valente

CENTRALITÀ

1 Formazione concentrica
della sabbia dovuta
all'effetto del vento

2 Immagine della terra
vista dallo spazio

3 Pantheon

4 Moschea di Roma,
P. Portoghesi,
V. Gigliotti,
S. Mousawi

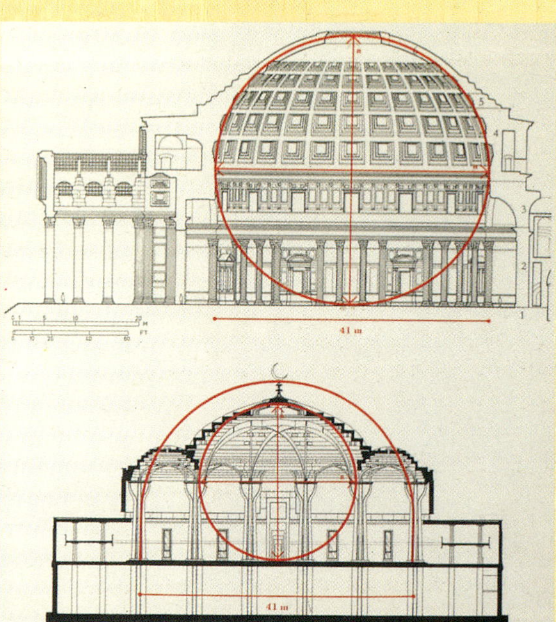

FLUIDITÀ

1  Immagine del moto
ondoso marino

2  Complesso alberghiero
a Rimini,
P. Portoghesi.
Coll.: P. Brega, M. Checchi

CRESCITA

1  Fiore di orchidea

2  Schema geometrico
del teatro di Cagliari,
P. Portoghesi, P. Marconi,
V. Gigliotti, N. Zedda

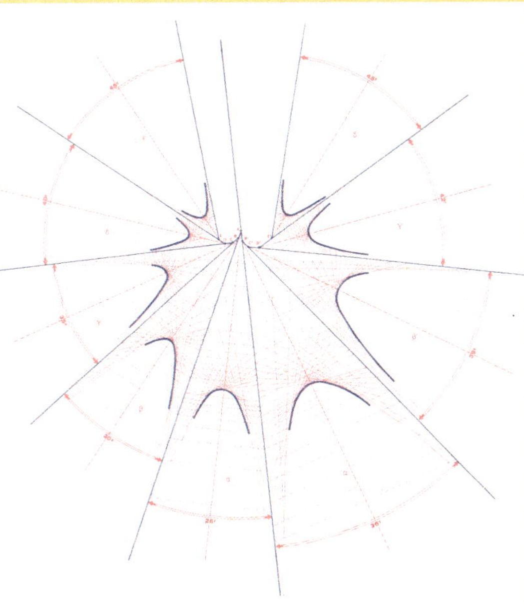

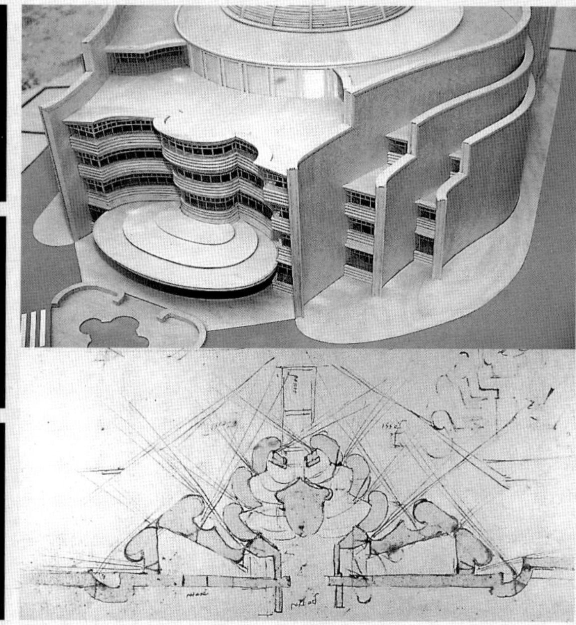



**ORGANICITÀ**

1  Granchio dei Sargassi

2  Teatro Politeama
   a Catanzaro,
   P. Portoghesi

3  Disegno delle
   fortificazioni fiorentine
   di Michelangelo

**RIPARO**

1  Formazione di ghiaccio
   naturale

2  Disegno di un edificio
   multiuso,
   G. Michelucci

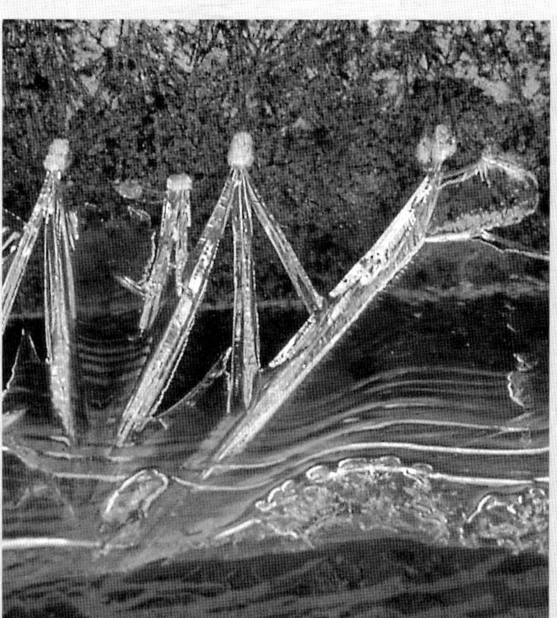

ORGANICITÀ

1 Conchiglia epitomium
scalare

2 Casa Bevilacqua a Gaeta,
P. Portoghesi.
Coll.: E. Guidoni,
G. Palma, S. Sbarigia

ORGANICITÀ

1 Utero, disegno
di L. Da Vinci

2 Sezione
dello stomaco umano

3 Pianta derivata
dalla forma dello stomaco

4 Capanna mongulou
a forma di utero

5 Padiglione Philips,
Le Corbusier

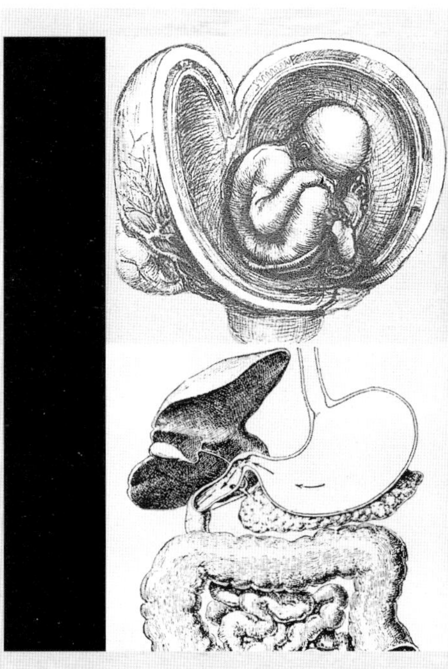

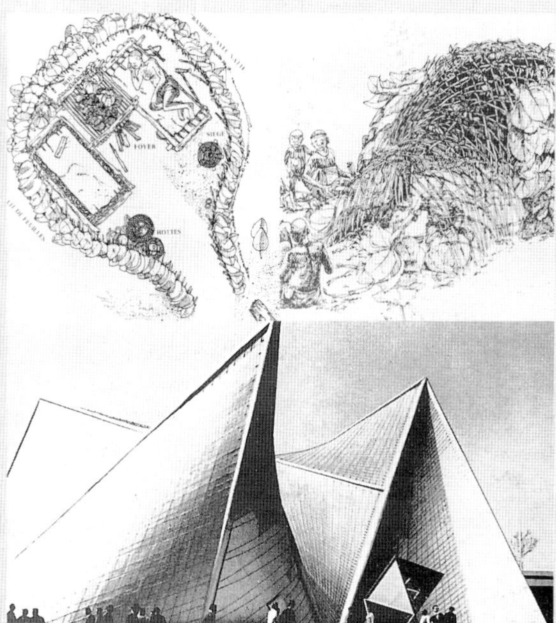

TESSITURA
1 Ragno d'acqua

2 Sede Regionale,
Catanzaro, 1° premio
del concorso,
P. Portoghesi, A. Romano,
G. Arena, F. Nasso,
D. Santoro, P. Malara,
M. R. Acciardi, G. Macrì,
V. Abate, G. Zizzi

CRESCITA
1 2 Foglie di cardo
e di acero
3 Sede dell'Accademia
di Belle Arti dell'Aquila,
P. Portoghesi,
G. Ercolani, G. Massobrio

4 Auditorio della chiesa
luterana a Betlemme,
P. Portoghesi.
Coll.: B. Castagna,
G. Mancarella

AVVOL
GI
MENTO

AVVOLGIMENTO
1 Conchiglia nautilus

2 Centro termale
con alimentazione
ad energia solare,
Canino, primo progetto,
P. Portoghesi, G. Ercolani,
G. Massobrio

TESSITURA
1 Tela di ragno

2 Mercato Rhiyad
in Arabia Saudita,
P. Portoghesi.
Coll.: R. Franchitti,
M. Checchi

TES
SITU
RA

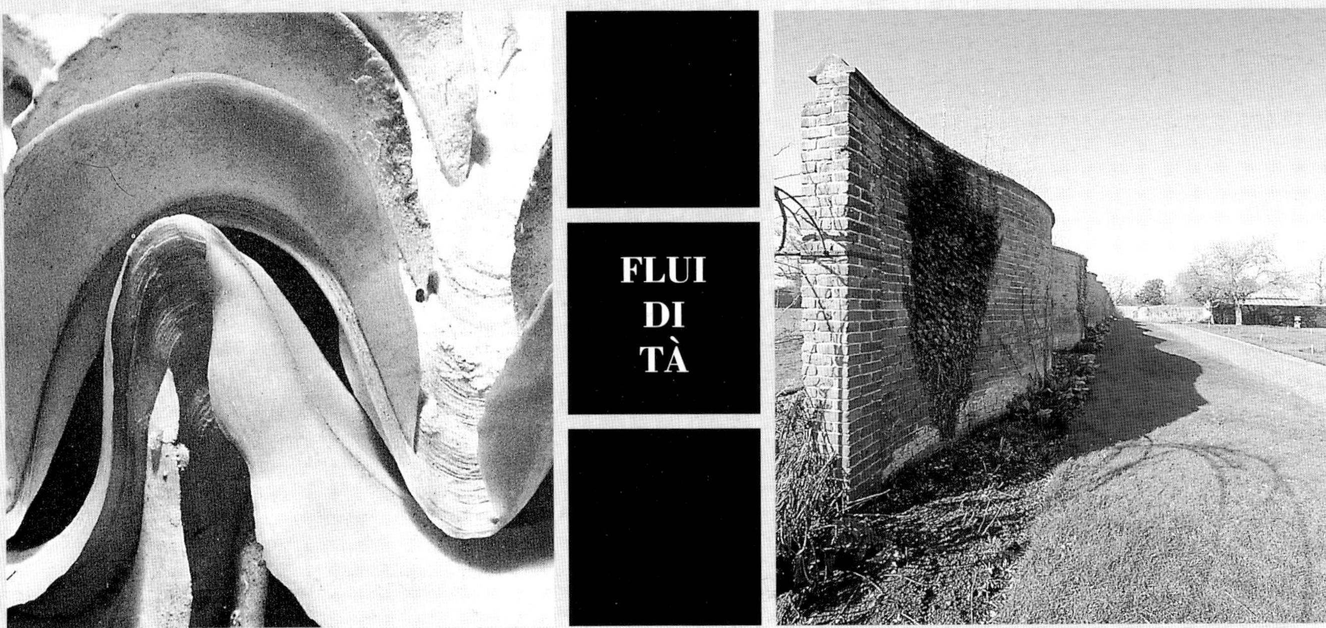


FLUIDITÀ
1 Conchiglia gigante
  scanalata

2 Muro curvilineo
  a Heveningham

Se il libro "Architettura e Natura" si basa sull'enumerazione degli archetipi, e quindi degli elementi "invarianti" dell'architettura, questa ricerca, pur essendo anch'essa il frutto di un criterio analogico, enumera concetti e operazioni che si ritrovano sia nella natura sia nell'architettura, e parte dalla convinzione che concepire o riesaminare criticamente un'opera architettonica, utilizzando questi concetti, consente di comprendere  meglio o di progettare meglio e, soprattutto, di verificare l'essere o meno "in armonia" con lo scenario naturale e più ancora con la vita, che della terra è certamente il momento culminante e precipuo.

*If the book "Architettura e Natura" is based on the enumeration of archetypes, and therefore of the "invariable" elements of architecture, this research, it too being the fruit of an analogical criterium, enumerates concepts and operations that are found in both nature and architecture, and take off from the conviction that conceptualizing and reexamining an architectural work critically, utilizing these concepts, allows for better comprehension or better design and, above all, the verification of being, or not, "in harmony" with the natural setting and, even more, with life, which is certainly the principal culminating moment of the Earth.*

*Non si ha alcun orecchio per udire ciò a cui
non si ha accesso a partire dall'esperienza*
(F. Nietzsche, Ecce Homo)

A volte succede che la sorte ci riservi un regalo inaspettato: una soglia da varcare, un limite misterioso da superare per intraprendere un percorso attraverso uno spazio sospeso tra la realtà e la memoria, tra l'esperienza vissuta e la conoscenza. Se accettiamo la sfida è come se, d'improvviso, si svelassero dei misteri e noi fossimo capaci di afferrare ciò che appare in superficie strettamente unito a ciò che scorre in profondità. In definitiva i nostri sensi si acuiscono e riescono a percepire alcuni stimoli di intensità inferiore al valore-soglia, a captare alcuni messaggi subliminali.

Questo è il segreto racchiuso nelle opere e nelle installazioni che Auro e Paolo Portoghesi hanno realizzato per la mostra "Arte e natura – dal Mausoleo di Adriano al Castello dell'Angelo". Un complesso armonico di opere capaci di alternare la narrazione alla sintesi, la conoscenza emozionale alla conoscenza intellettuale. Una grande fusione, quindi, giocata principalmente sulla dialettica della forma e della materia, quella di Paolo Portoghesi e Auro, entrambi interessati ad estrarre dalla natura, dalle sue forme, dai suoi codici genetici, tutto ciò di cui l'uomo può usufruire per migliorare il concetto della propria esistenza. La forma è una conquista della materia primordiale, l'alchimia è alla base di un lavoro continuo che la terra svolge in segreto, sotto un'apparenza di immobilità, svelata a quei pochi individui che riescono a raggiungere la sensazione profonda, l'esperienza in atto del continuo cambiamento, della continua trasformazione. Ecco allora che, ricordandoci l'imperatore Adriano, architetto e curioso amante delle religioni misteriche, Castel Sant'Angelo, che racchiude e conserva contemporaneamente l'idea di Mausoleo, di fortezza, di residenza papale e di museo, apre i suoi portali e le sue illustri sale a una nuova esperienza che consiste nel ricreare, quasi come attraverso una situazione da realtà virtuale, la contemporaneità dei secoli e degli accadimenti. Tutto si intreccia senza confondersi, tutto accade tra il firmamento, la superficie e il sottosuolo, tra il materiale e l'immateriale, tra le forme e le energie che essi sprigionano.

Il lavoro di Auro parte da due grandi pannelli all'interno dei quali la pittura si fonde ai riflessi delle pietre incastonate sulla tela. Due grandi firmamenti che rappresentano il giorno e la notte, il regno lunare contrapposto a quello solare. A partire da qui, già il pensiero si espande e l'immobile castello inizia ad andare in orbita insieme al pianeta, a viaggiare nel cosmo, insieme a noi che percepiamo che il centro è un altro e sconvolgiamo la nostra pigra sensazione di movimento, di flusso, di viaggio. Così come il cosmo che ci sovrasta, anche il sottosuolo riacquista vita e splendore,

*translation on page 81*

Installazioni,
Composizioni Visive,
Ori con Pietre
di Auro


Installations,
Visual Compositions,
Gold with Stones
by Auro

*Foto di Robertò Granata*

1 *Shaman 1°,* legno,
  argento, oro, pietre
2 *Shaman 2°,* legno, oro,
  pietra di legno silicizzato

1  *Città incantata,* drusa di calcedonio, cristalli di quarzo, oro

svela il segreto delle pietre, astri sotterranei che  da centinaia di millenni rimangono occultati alla vista. Le pietre incastonate e lavorate sono poste all'interno della loro dimora naturale, dell'alveo minerale che le ha ospitate durante il lungo trascorrere del tempo. Dialogano, nelle grandi vetrine espositive, con i pannelli e i preziosi taccuini di Paolo Portoghesi, il progetto dell'uomo si fonde con quello della natura, lo asseconda, se ne distacca e ritorna seguendo la conoscenza delle medesime leggi. Il tutto e il nulla si avvicinano, la luce viene assorbita e custodita dal buio, il quinto elemento, vuoto-nulla-oscurità, come massima canalizzazione energetica, diventa il presupposto ineluttabile delle installazioni che Auro dedica ai 4 elementi. Quattro sale all'interno delle quali è possibile vivere, attraverso le energie delle pietre, dei colori e delle luci, le sensazioni di Terra, Acqua, Aria e Fuoco e percorrere, attraverso gli elementi primordiali, i molteplici stati dell'essere, distinguendo i diversi flussi vibrazionali che giungono, ogni qualvolta,  sotto forma di energia capace di rigenerare la mente e il corpo. E, alla fine di questo viaggio, che oltrepassa enormemente i pur splendidi confini del castello, quello che resterà a ognuno sarà la sensazione di aver afferrato un lembo di universo all'interno di un sentimento cosmico e primordiale, nella stessa lunghezza d'onda della performance che il coro islandese Aurora ha dedicato a questo luogo e a questa mostra.

# SUBLIMINAL SOLICITATIONS
*Francesca Pietracci*

*There is no ear to hear that to which we can have no access, starting with experience*
F. Nietzsche, Ecce Homo

*Sometimes it happens that fate has an unexpected gift reserved for us – a threshhold to cross over, a mysterious limit to pass, to undertake a journey through a space suspended between reality and memory, between lived experience and knowledge. If we accept the challenge it is as if suddenly some mysteries were revealed to us and we were capable of grasping what appears on the surface as closely united with that which flows deeply below. Our senses are sharpened and we manage to perceive stimuli below the threshhold, to pick up some subliminal messages. This is the secret locked into the works and the installations that Auro and Paolo Portoghesi have designed for the exhibition Arte e Natura – dal Mausoleo di Adriano al Castello dell'Angelo. A harmonic complex of works that alternate narration with synthesis, emotional knowledge with intellectual. A grand fusion, therefore, played principally on the dialectics of form and matter, that of Paolo Portoghesi and Auro, both interested in extracting from Nature, from its forms, its genetic codes, all that humans can make use of to improve the conception of their existence. Form is the conquest of primordial matter, alchemy is the basis of an continuous intense activity that the Earth carries out in secret, apparently immobile, revealed to those few individuals who succeed in reaching that profound sensation, the experience of continuous change, of continuous transformation. That is then what, remembering the Emperor Hadrian, architect and curious lover of mystical religions, Castel Sant'Angelo, which encloses and preserves at the same time the idea of mausoleum, fortress, papal residence and museum, opens it doors and its illustrious rooms to a new experience that consists of the recreation, almost as if through virtual reality, the contemporaneity of the centuries and the events. Everything intertwines without becoming confused, everything happens between firmament, surface and underground, between the material and the immaterial, between the forms and the energies that they exude.*
*The work of Auro starts with two large panels inside of which the painting is fused with the reflections of the stones embedded in the canvas – two great firmaments that represent day and night, the reign of the moon counterposed to that of the sun. Taking off from here, thought begins to expand already and the immobile Castle begins to go into orbit along with the planet, to travel in the cosmos together with us who perceive that the center is another and we disturb our lazy sense of motion, of law, of travel. Like the cosmos above our heads, the underground takes on life and splendor, reveals the secret of the stones, subterranean stars that, for hundreds of millenia, remained hidden from sight.*
*The stones embedded and worked are placed on the inside of their natural dwelling, in the mineral vein that housed them throughout the long passing of time. Conversing, inside the great exhibition cases, with the panels and the precious almanacs of Paolo Portoghesi, the human project fuses with Nature's project, backs it up, detaches itself and returns according to knowledge of the same laws. The All and nothingness are brought closer together – the light is absorbed and protected by the darkness, the fifth element, empty – nothingness – obscurity, as the maximum channeling of energy, becomes the inevitable assumption of the installations that Auro has dedicated to the four elements. Four rooms, inside of which it is possible to experience, through the energies of the stones, of colors and light, the sensations of the Earth, Water, Air and Fire, and to travel, through the primordial elements, the multiple states of being, distinguishing the various vibrational flows that arrive, every now and then, in the form of an energy capable of regenerating the body and the mind. And at the end of this journey, which surpasses enormously the, however splendid, confines of the castle, that which will remain with each of us will be the sensation of having grabbed onto the coattails of the universe inside of a cosmic and primordial feeling, on the same wave-length of the performance of the Icelandic chorus that Auro dedicated to this place and this exhibition.*

1 *Nucleo,* onice, oro, sfera di onice proveniente dallo stesso blocco

1 *Tempio di apofillite* nell'elemento Acqua
2 *Città di Antinoo,* quarzi di vario genere su base di travertino genesis
3 *Elemento Fuoco,* quarzo gigante
4 *Grotta stellare,* tecnica mista con pietre

L'Arte della Bellezza
*di Robert Hasinger*

La mostra "Arte e Natura", di Auro e Portoghesi, offre una nuova chiave, quella della "rivisitazione dal Mausoleo di Adriano al Castello dell'Angelo". Una mostra didattico-culturale che, attraverso le opere di due artisti contemporanei, stimola e aiuta a conoscere meglio il Museo, con una filosofia di intervento che possa essere di esempio per le altre istituzioni museali.

La ricerca di Portoghesi trae la sua ispirazione dalle leggi nascoste della natura, cogliendo la forza creativa, presente nel mondo animale, vegetale e minerale: colonne come alberi che aprono i rami per accogliere il soffitto-cielo, vetrate colorate come un tramonto o come l'aurora boreale, edifici come giganteschi minerali colorati, templi in cui qualsiasi religione può trovarsi a suo agio. L'architettura di Portoghesi è come una grande scultura, dove abitare significa essere in sintonia con le forze celesti e con il campo elettromagnetico della terra. All'interno della quale si è integrati, totalmente, con le "energie spiraliche" delle strutture e con il morbido abbraccio in cui si intrecciano disegni e simboli di altre epoche. Nella sua rivisitazione di Castel Sant'Angelo, Portoghesi ci fa, quindi, rivivere la gioia e la bellezza di cui Adriano amava circondarsi.

La dimensione energetica è presente in tutta l'arte di Auro. Egli è un profondo conoscitore dei materiali e delle proprietà energetiche che essi emanano. Una dimensione che ci ricollega a quella degli alchimisti della pietra filosofale, denominata, nell'antica Grecia, "l'etere" e, in seguito, "il fluido".

La dimensione energetica è quella che dà la possibilità di entrare in risonanza con i minerali, cristalli e pietre, che sono parte integrante delle sue opere. Questa risonanza ha un profondo effetto sul cervello umano. Non solo a livello biochimico, stimolando la liberazione di endorfine, ma anche a livello della struttura nervosa vera e propria, stimolando la parte più antica ed enigmatica del nostro cervello, il sistema limbico, una delle grandi frontiere della scienza medica alla fine di questo millennio.

Le opere di Auro e di Portoghesi invitano a riflettere e contemplare la natura, portando l'individuo in uno stato di rilassamento del corpo-mente, che dà vita al momento di "fermo", un momento di silenzio in questo mondo frenetico alle soglie del duemila. Attraverso questa mostra traspare una "nuova luminosità", non solo come "rivisitazione dal Mausoleo al Castello dell'Angelo" con tutto il suo trascorso e ciò che ne è conseguito, ma anche come linguaggio che nasce in un momento storico in cui la cultura, in generale, è dominata dalla comunicazione di massa, il cui fine non è certamente quello della "guarigione" e del cambiamento, ma quello dell'auto-distruzione. Perciò, quest'ondata di freschezza è da interpretare come uno stimolo per risvegliare gli animi assopiti. Un'arte "olistica" che possa essere di aiuto per una più approfondita visione interiore, che ha come scopo quel-

*translation on page 96*

lo didattico-culturale. Il benessere psicofisico è dato innanzitutto dagli spazi abitati e dalle cose di cui l'uomo si circonda. "Arte e Natura" vuole così riproporre, da un punto di vista didattico, l'approfondimento di uno studio multidisciplinare sull'influenza delle diverse espressioni artistiche: l'architettura di Portoghesi, le opere di Auro e di altri artisti che operano in questa direzione. Ed è proprio partendo da questi principi che è stata allestita la sezione della mostra dedicata ai "Giardini della Memoria", una sorta di labirinti-plastici che chiamerei "giardini per guarire e crescere", realizzati dai bambini delle scuole elementari con la direzione di due architetti: Paolo Portoghesi, Petra Bernitsa.

Non è difficile riconoscere in Adriano una "cultura della bellezza" che, in un certo senso, è sempre presente nella sua opera e che, attraverso questa mostra, viene, maggiormente, esaltata per trasmettere al pubblico un'eredità artistica che, a distanza di duemila anni, è sempre valida.

Ma può la bellezza influenzare il nostro stato psicofisico? Possono le opere di un architetto e di un artista nel loro intrecciarsi, cambiare il nostro modo di vedere le cose? Può un complesso architettonico, o una scultura che utilizza i minerali in un particolare modo "energetico", aprire un terreno nuovo dentro di noi, che possa diventare patrimonio di tutti?

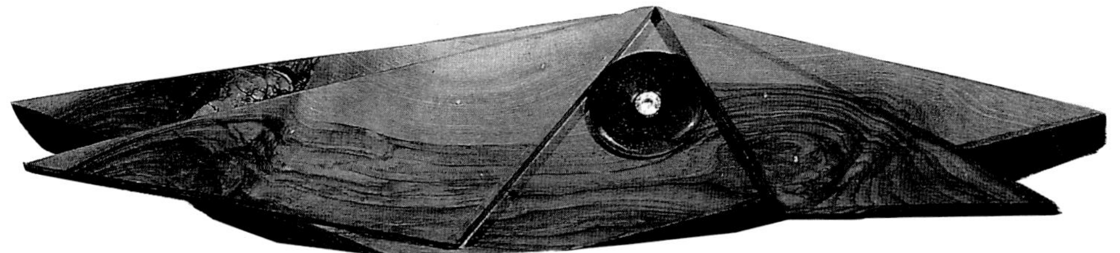

1  *Stabilità,* marmo, cristallo
   di quarzo ialino, oro
2  *Sospensione,* argilla crista-
   lizzata, calcite, fuxite,
   inox, legno

1 *Arcobaleno,* legno, cristallo di quarzo ialino, inox,
rame
2 *Corpo Astrale,* apofillite,
acqua

# Art and Nature at Castel Sant'Angelo
*Auro*

*Admiring the immense scenario of the "great creation", we realize, observing minerals, the extremely high degree of energy that it took to form them and how extraordinarily beautiful they are. The mineral kingdom was born, in fact, of very powerful exchanges, transformations and energetic slashes, from stellar dust to natural atomic explosions that have caused enormous devastation, with highly elevated temperature and pressure, up to its ulterior evolution: the morphogenetic humus of the earth, of fire, of water and of air, and the various formations and crystalizations, with their varied light and color qualities. It can be said, therefore, that the world of minerals represents the highest reserve of "energy" that Man can tap into.*

*It was precisely with the "great creation" that the perfect unity and harmony of Nature was formed. The same harmony that man rediscovers in himself when he succeeds in perceiving these "energies" and, especially, when he utilizes Nature in a creative way to ends different than those of the dominant reality of the day, which is ruled by the lethal results of devastation. And it is the concept of harmony with Nature that brings to mind what Goethe said: "The artist with his freedom of soul is above Nature and can adapt her to his higher aims. He is her master and her slave. He is her slave because he must use earthly means to make himself understood. But he is her master because he subordinates these means to his higher intents."*

*Sometimes, working with "energy-giving materials", I modify their original form, superimposing other elements to exhalt their beauty until their strength and potential emerges which otherwise, to the visitor's eye, could pass unobserved. In a certain sense these forms recomposed in this way stimulate the perceptive state of each of us. This is one of the reasons for which, for about twenty years, I have been venturing into the world of minerals. My installations consist of oscillating elements that transmit vibrating waves into the surrounding space, involving the observer physically and emotionally. Every type of mineral or stone has its own vibration or "magnetic resonance" in the "bioplasmic field", that corresponds to its formation status, and the manifestation of this takes place through color and form, whether natural or conferred upon it by Man.*

*The effects of stones on people, used both to treat and to evoke, protect, strengthen or stimulate, were known by ancient cultures and religions. Pliny the Elder (23-79 B.C.) amply described the curative and energy-giving qualities and capacities of stones in the last books of his great encyclopedic work "Naturalis Historia", especially in book 37. Others have written on the same subject: the medieval naturalist Lonittzer, Albert Magno, Hildegarde de Bingen and many others. The pectoral of the great Priest was made up of twelve precious stones and in the "Heavenly Jerusalem" of the Apocalypse of St. John twelve stones are once again cited as the foundation of the walls of this supernatural city where, according to the interpretation of St. Augustine, each stone corresponds to one of the Apostles. Even in angelology, stones are an integral part of the Angels, Archangels, Cherubim and Seraphim. And even more ancient, in the ayurvedic oriental culture, in particular that of Tibet, medicines called "precious pills" were composed of metals, minerals and precious stones that even today are widely used, preserving the same composition of several thousand years ago.*

*From the scientific point of view, both for visual properties as well as therapeutic, we know that the light and power of a laser is generated by either a ruby or by beryl oxide. Minerals have always been, in fact, the most important source of the Earth and all the principal geometric forms can be traced to their structure. Stones represent the spirit of the Earth crystalized. The crystal is the incorporeal element of the corporeal. And it is in this way that they are here interpreted and reproposed, both as a natural manifestation of Nature as well as artistic intervention, act to render useable this material at other levels. "Art and Nature" works, therefore, on a level where all artistic elements are in tune with the universal nature of all things: symbolism, archetypes, architectures, religions, myths and legends.*

*On the bastions of the Castle, dedicated to the four Evangelists, witnessing the tradition of the Roman feast of the Renaissance and Baroque periods, we have raised four banners that represent the four essential elements of Nature: Air, Water, Earth and Fire. The elements are depicted by the platonic solids, the color and corresponding stone. The Emperor Hadrian, in the ideation of his mausoleum, had already transfused and mutated various forms of religious symbolism, revealing himself a* man of great culture and curiosity. On the basis of these traces this experimentation has continued, up to the point of the most recent architectural volumes, in which different cultures are superimposed – Italian and foreign – which have, in some way or other, contributed to enriching its transformation, maintaining integral its Roman architectural aspect. Therefore, the sculptural elements and visual compositions which, on the occasion of this event, are installed and mounted within the cavity of its walls, have the introspective function of "artistic intervention on a monument", referring both to its origins and to the stratifications that have been accumulating up to our times. This luminous material that symbolically represents the "hidden" light inside the walls of the castle, is the same material that, climbing gradually up into other ambients, is "liberated" and assumes a different aspect, transforming itself further until it reaches more elevated forms: gold and silver, stone and wood. This artistic operation consists, moreover, of the harmonization of analogous and composit forms, fruit of our research, with the architectural spaces of the Castle.

The artistic interventions, in a certain sense, inside the labyrinth of the Castle, from the cellars to the surface, finding a new habitat, however temporary, in the labyrinth of the fortress, as testimony to a communication between memory and material that reflects the noble essence of Nature in all its many manifestations.


### The gardens of the memory

One section of the exhibition is dedicated to the "Gardens of the Memory" as a form of architectural research, realized through the design of the city's gardens by the children of the elementary schools under the guidance of Portoghesi and Bernitsa. The gardens within the scope of the exhibition are contained in the open center of the mausoleum, a "Nature alive" in the city, a Nature that feeds life and play, where the children themselves are an integral part and participate as if it were their second home. The creativity of the child is stimulated by our intelligence, but also by the "child within each of us" and it is in this way that the "Gardens of the Memory" came about – almost as a game, no, if fact surely as a game, from the idea of mental and cultural reappropriation and enrichment, as well as of the open spaces of the city. "Art and Nature", in its globality of experience and testimony, reestablishes a link between the child and the adult, between the innocence of the child and the awareness of the master.

1   *L'Albero dei sogni,*
    okenide, mesolite, oro
2   *Sdoppiamento,* legno,
    cristallo di quarzo, inox

1  *Tempio*,
   legno, quarzo rutilato
2  *Meteora*,
   malachite, oro

La costellazione di Antinoo
*di Nicoletta Lanciano*

Nel II secolo d.C. la costellazione di Antinoo fu voluta dall'imperatore Adriano e fu collocata vicino alle stelle della costellazione dell'Aquila. Antinoo era stato il giovane della Bitinia favorito dell'Imperatore e morto nel Nilo intorno al 130 d.C. È raffigurato come un giovane, a volte come un bambino. Per la prima volta la costellazione di Antinoo compare nell'Almagesto dell'astronomo Claudio Tolomeo. La ritroviamo nei globi celesti e nelle carte del cielo fino al 1922 quando, per decisione dell'Unione Astronomica Internazionale, questa costellazione fu cancellata dai cataloghi astronomici e le sue stelle tornarono a far parte delle costellazioni circostanti. Antinoo fu legato in cielo ad un gruppo di stelle che noi possiamo ancora guardare, e in terra ad una miriade di raffigurazioni plastiche e pittoriche e a numerosi luoghi a lui dedicati in tutto il bacino del Mediterraneo a partire dalla Villa Adriana, presso Tivoli.

Nicoletta Lanciano, *Antinoo – Storia di una Costellazione* sta in: L'astronomia, Febbraio 1989, n. 85 pp. 22-29

## The Antinous Constellation
*by Nicoletta Lanciano*

*In the second century after Christ, Hadrian ordered the constellation of Antinous to be located near the stars of the Eagle constellation. Antinous was the youth of Bitinia, favored by the Emperor, who had died on the Nile around 130 A.C. He is represented as a youth and, sometimes, as a child.*

*The constellation of Antinous first appears in the Almagest of the astronomer Ptolemy. We find it on celestial globes and maps of the sky up until 1922 when the International Astronomical Union eliminated this constellation from astronomy catalogues and its stars became parts of surrounding constellations.*

*Antinous was linked, in the sky, with a group of stars that we can still see, and on the ground, with a myriad of plastic and pictorial representations and to numerous places dedicated to him all over the Mediterranean basin, beginning with the Villa Adriana at Tivoli.*

*Nicoletta Lanciano,* Antinoo – Storia di una Costellazione *from:* L'astronomia, February 1989, n. 85 pg. 22-29

L'asterismo di Antinoo, accanto a quello dell'Aquila, nel pavimento della sala della Grande Meridiana (sec. XVIII) del Museo di San Martino a Napoli

1 *Apotropaico*, pietra sedi-
mentaria di calcare mari-
no, agata, oro
2 *Pioggia stellare*, tecnica
mista con pietre varie

1 *Installazione per il Castello dell'Angelo*, tecnica mista con sfera di quarzo ialino
2 *Installazione per il Castello dell'Angelo*, tecnica mista con garnet star

# THE ART OF BEAUTY
*Robert Hasinger*

*But can beauty influence our psychophysical state? Can the works of an architect and an artist be intermingled to change our way of seeing things? Can an architectural complex, or sculpture that use minerals in a special "energetic" way, open a new terrain inside of us?*
*The works of Auro and Portoghesi invite a reflection on and contemplation of nature, leading the individual into a state of body/mind relaxation,* *which gives life to the "still" moment, a moment of silence in this frenetic world at the threshhold of the third millenium. A historic moment in which the culture in general is dominated by mass communication whose aim is certainly not that of "healing" and of change, but that of self-destruction. And so this wave of freshness is to be interpreted as a stimulus for reawakening drowsy souls. A "holistic" art that can help towards a more pro-* *found inner vision, that has a didactic/cultural scope.*
*Psychophysical well-being comes out of, first of all, the spaces inhabited by and the things surrounding a person. "Arte e Natura" means to repropose, from a didactic point of view, a multidisciplinary in-depth study on the influence of these artistic expressions: the architecture of Paolo Portoghesi, the work of Auro and other artists that are operating in this direction.*

1 *Centralità,* quarzi, oro,
  suggillite diamanti
2 *Scettro,* apofillite e fuxite,
  asta con cristallo ialino
  e sfera ovale di ametista
  con spirale di argento
3 *Labirinto,* quarzi, oro,
  acquamarina, rubino,
  smeraldo
4 *Associazione,* blocco
  di lapislazzuli, oro,
  con lapis e pietre
5 *Labradoradiante,* quarzi,
  oro, labradorite, diamante

1   *Metamorfosi,* granito,
    okenide

1 *Canalizzazione,* argento
dorato, ametista e pietre
corrispondenti ai sette
chakras o vortici spiralici
del corpo umano
2 *Concentrazione,* fluorite,
argento

1 *Samadhi piramide*, onice,
  labradorite, sfera di quarzo
  ialino
2 *Elemento Aria*, marmo
  drusa di quarzi

*I cinque elementi essen-
ziali della natura:*
Fuoco
Aria
Terra
Acqua
Quintessenza

1 Prima parte della Spirale
Conica di Adriano nella
Sala delle Urne Romane
di Castel Sant'Angelo
con la pianta di S. Pietro
di Michelangelo
(foto di Paolo Portoghesi)
2 Seconda parte della
Spirale Conica
di Adriano nella Sala
della Giustizia
di Castel Sant'Angelo
(foto di Paolo Portoghesi)

## La Spirale Conica di Adriano

La Spirale Conica di Adriano è stata progettata per rendere omaggio ad Adriano architetto e alla sua costante ricerca tesa a fondere figure architettoniche dell'Oriente e dell'Occidente. La Spirale Conica, che si avvolge intorno ad una colonna tronco-conica, comunica il progetto culturale di Adriano, imperatore cosmopolita che incise sulle monete del suo regno tre "belle parole", di universale valore anché alle soglie del 2000: Humanitas, Felicitas, Libertas. Una scultura architettonica alta 25 metri, che attraversa verticalmente il punto focale del mausoleo-labirinto, mette in relazione le quattro sale e i loro significati simbolici: la Sala delle Urne Romane, la Sala della Giustizia, la Sala del Tesoro, la Sala della Rotonda.

*Progetto di Paolo Portoghesi
e Petra Bernitsa con interventi di Auro*

## Hadrian's Spiral Cone

*Hadrian's Spiral Cone was designed to render homage to the architect Hadrian and his continuous attempts at fusing architectural figures of the East and West. The Spiral Cone, which wraps around a truncated-conic column, communicates the cultural project of Hadrian, cosmopolitan emperor who stamped on the coins of his reign three beautiful words of universal value even now at the threshhold of the 3rd millenium: Felicitas, Humanitas, Libertas. An architectural sculpture 25 meters high that crosses vertically the focal point of the mausoleum, the labyrinth, which puts the four halls into relation, along with their symbolic meaning: the Roman Hall, the Hall of Justice, the Treasury Hall, and the Hall of the Rotunda.*

*Project of Paolo Portoghesi
and Petra Bernitsa with interventions by Auro*

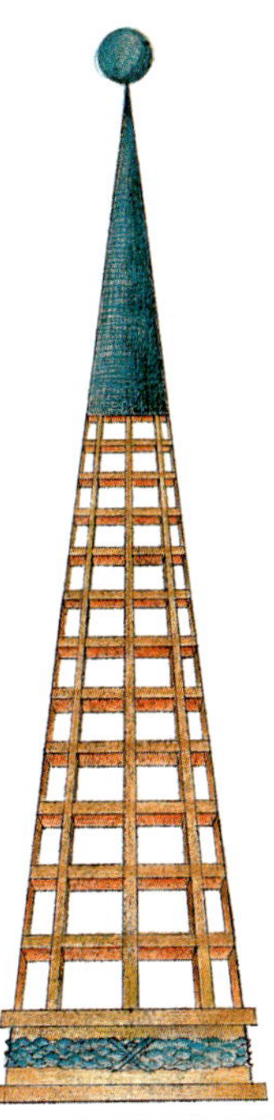

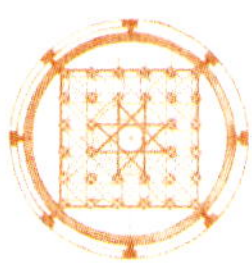

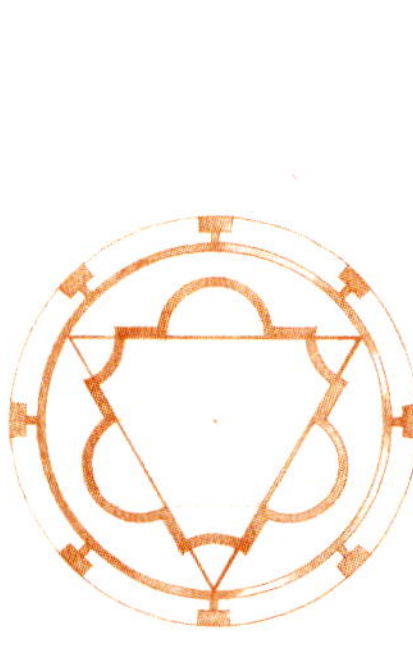

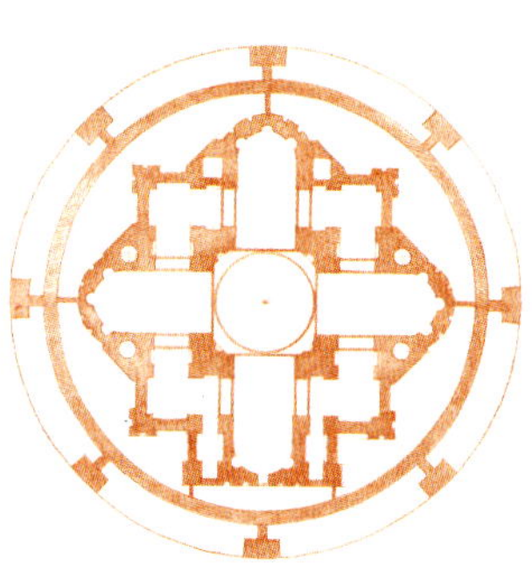

1 Seconda parte
della Spirale
Conica
di Adriano
nella Sala
della Giustizia
di Castel
Sant'Angelo
(foto di Paolo
Portoghesi)

2 Seconda parte
della Spirale
Conica
di Adriano
nella Sala
della Giustizia
di Castel
Sant'Angelo
(foto di Petra
Bernitsa)

1 Terza parte della Spirale Conica
di Adriano nella Sala del Tesoro di Castel Sant'Angelo con la pianta
di S. Ivo alla Sapienza di F. Borromini (foto di Riccardo Sabatini)
2 Seconda parte della Spirale Conica di Adriano
nella Sala della Giustizia di Castel Sant'Angelo (foto di Petra
Bernitsa)
3 Quarta parte della Spirale Conica di Adriano nella Sala
della Rotonda a Castel Sant'Angelo (foto di Petra Bernitsa)
4 Disegno della pianta circolare di Sant'Ivo alla Sapienza,
F. Borromini

Le Costellazioni
di Antinoo
di Auro,
Sala Clemente
VIII, Castel
Sant'Angelo

Natura
e Architettura
di Paolo
Portoghesi,
Sala Clemente
VIII, Castel
Sant'Angelo

I Giardini
della Memoria
Sala di Pio IV,
Giretto Coperto
(foto di Riccar-
do Sabatini)

## I Giardini della Memoria
*a cura di Petra Bernitsa*

Uno degli elementi essenziali che hanno contribuito all'affermazione del giardino italiano è il rapporto giardino-paesaggio. Nel disegno del giardino italiano il paesaggio che lo racchiudeva veniva incluso naturalmente, giardino e paesaggio erano parte della stessa composizione. Lo sguardo del bambino, la sua innocenza sono alla base della creatività e della libertà. Libertà di prefigurare e immaginare la veduta che si fa paesaggio.

## The Gardens of the Memory
*by Petra Bernitsa*

*One of the essential elements that contributed to the success of the Italian garden is the garden/landscape relationship. In the design of the Italian garden, the landscape that it encompassed was included naturally – garden and landscape were part of the same composition. The child's vision, his innocence, are at the base of creativity and freedom; freedom to predict and imagine the landscape.*

*Nella pagina precedente:*
1  Scuola elementare "Antonio Gramsci": l'Ovale della Cooperazione
2  Scuola elementare "Claudio Graziosi": la Fluidità
3  Scuola elementare "Anna Frank":  l'Ovale della Cooperazione

*In questa pagina:*
1  Scuola elementare "143° Circolo":  la Fantasia
2  Scuola elementare "Trilussa":  la Centralità

Progetti elaborati da dieci scuole romane nell'ambito del concorso "Da bambino farò un parco…"
SEZIONI SOCI ROMANE DELLA COOP TOSCANA LAZIO
(foto di Riccardo Sabatini)

*In questa pagina:*
1   Scuola elementare "Guido da Verona": l'Ordine
2   Scuola elementare "Gioacchino Belli": la Musica
3   Scuola elementare "Italo Calvino": l'Orientamento

*Nella pagina Seguente*
1   Scuola elementare "126° Circolo": la Fluidità
2, 3   Scuola elementare "Italo Calvino": l'Orientamento *(particolare)*
4   Scuola elementare "Fabio Filzi": l'Illusione

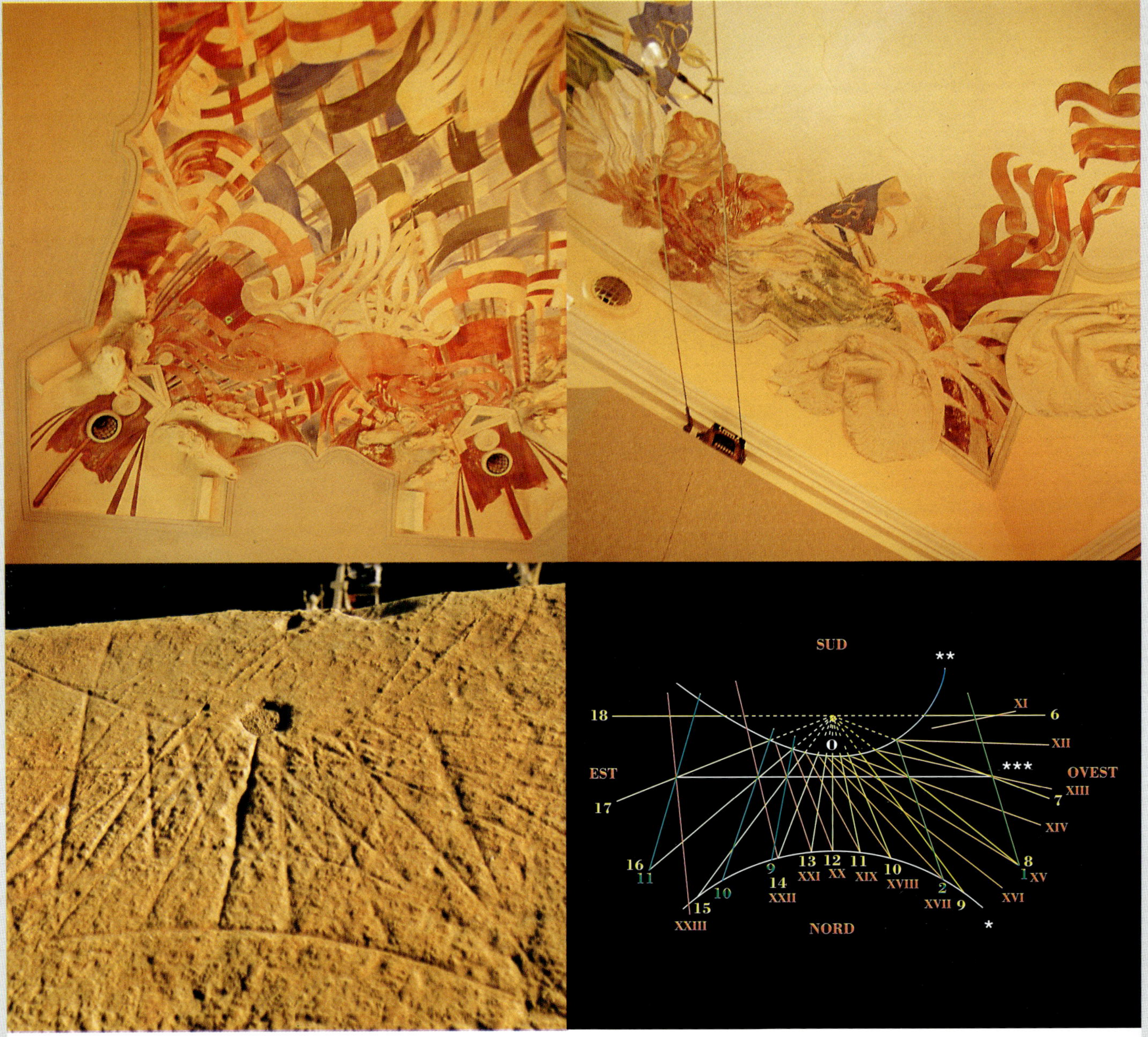


1 2 Affreschi di Duilio Gambellotti nelle sale alte
    di Castel Sant'Angelo (foto di Paolo Portoghesi)
3 L'orologio solare orizzontale, Loggia di Giulio II,
    Castel Sant'Angelo (foto di Nicoletta Lanciano)

4 Schema geometrico dell'Orologio Solare orizzontale
    di Castel Sant'Angelo (elaborazione su un rilievo di E. Casieri)

## L'orologio solare orizzontale di Castel Sant'Angelo
*di Nicoletta Lanciano*

L'orologio solare orizzontale di Castel Sant'Angelo è scolpito nella pietra: questo però non ci autorizza a considerarlo antico come il Castello. Si trova su un parapetto rivolto a mezzogiorno nella *Loggia di Giulio II*, al piano del Giretto di Pio IV, proprio davanti al Ponte dell'Angelo, che ha un orientamento Nord-Sud. L'orologio non è precisamente orientato. Dai sistemi di ore che vi compaiono è possibile risalire all'epoca in cui è stato tracciato. L'orologio presenta infatti un complesso di linee orarie di tipo antiche, italiche e civili.

Nel bacino del Mediterraneo, forse i Caldei furono i primi a suddividere il giorno in 24 ore, di cui 12 per il periodo tra l'alba e il tramonto e 12 tra il tramonto e l'alba successiva. Nelle varie stagioni, il tempo della luce e del buio sono diversi e così la suddivisione del periodo di luce dava ore "lunghe" in Primavera-Estate e ore "corte" in Autunno-Inverno, e viceversa per la notte. Questo sistema di calcolo delle ore venne chiamato a ore "temporarie" o "temporali" o "antiche": si tratta comunque di ore di durata "disuguale" tra una stagione e l'altra. Tutti gli orologi solari antichi trovati nell'Impero Romano o nelle zone d'influenza greca sono di questo tipo. Si pensi alla Torre dei Venti di Atene o al grande Orologio orizzontale di Augusto nel Campo Marzio a Roma. Dante usava questo sistema, che veniva ancora insegnato dai cosmografi del XVI secolo. Nel nostro orologio compaiono alcune di queste linee orarie (segnate in verde), che sono tra loro non convergenti.

Furono gli Arabi, intorno all'anno 1000 d.C., a diffondere un sistema ad ore "uguali" o "equinoziali": nei giorni di Equinozio (aequi-noctis), infatti, il giorno dura quanto la notte e anche le ore antiche risultavano tutte uguali tra loro, pari a un ventiquattresimo del giorno intero. Tale nuovo sistema si adattava peraltro molto meglio ad affiancare gli orologi meccanici che, dal XIII secolo, erano sempre più presenti sulle torri, i campanili e i palazzi. Le ore "uguali" furono organizzate in tre diversi sistemi: le ore "babiloniche", "italiche", e "civili", di cui gli ultimi due presenti nell'orologio solare di Castel Sant'Angelo.

Le ore dette "italiche" indicano quante ore sono passate dal precedente tramonto del Sole e, quindi, anche quante ore di luce mancano per finire la giornata; le linee corrispondenti sul quadrante dell'orologio solare sono inclinate dal lato Sud-Est verso Nord-Ovest e non sono tra loro convergenti (in rosso). Al tramonto corrispondono le ore XXIV, e il mezzogiorno di un giorno di Equinozio è dato dall'intersezione della linea equinoziale (celeste)(*) con la linea italica delle ore XVIII (12 ore notturne più 6 della mattina = 18).

Tale sistema è spesso unito al sistema delle ore "babiloniche", che attualmente sembrano non essere presenti nel nostro tracciato, contate dall'alba del Sole, a cui corrispondono su un quadrante orizzontale linee non convergenti e inclinate da

*translation on page 127*

Nord-Est verso Sud-Ovest: la lettura dei due sistemi compresenti in molti orologi solari fornisce l'indicazione della durata del periodo di luce nei vari periodi dell'anno. Questi sistemi sono stati in uso in Italia e in Europa fino al XIX secolo, e sono stati poi affiancati e sostituiti dal sistema detto "francese" o delle ore "civili" o "moderne" o "astronomiche". Il passaggio alle ore "francesi" avvenne ad esempio in Lombardia nel 1786. In tale sistema il giorno, e quindi il conto delle ore, inizia con la mezzanotte, ed è questo il nostro attuale modo di calcolare il tempo. Le linee corrispondenti sul quadrante sono convergenti (linee gialle) e simmetriche rispetto alla linea del mezzogiorno. Poiché nel 1797 inizia l'occupazione del Castello da parte dei francesi, l'orologio solare potrebbe essere stato tracciato in quel periodo. Negli orologi solari ad ore antiche, italiche e babiloniche lo stilo, o gnomone, è perpendicolare al piano del quadrante e, a indicare l'ora, è solo l'ombra della sua estremità. L'orologio di Castel Sant'Angelo non ha più lo gnomone né vi si leggono iscrizioni di cifre o lettere. È possibile però risalire alla lunghezza dello stilo a partire dalla conoscenza della latitudine del luogo. La posizione dello gnomone era in O, e se ne vedono le tracce nel parapetto verso Sud: questo punto è detto "piede dello gnomone". Nel sistema ad ore civili lo gnomone potrebbe essere di tipo polare, cioè inclinato come la latitudine del luogo, ma in questo orologio vi era probabilmente un unico gnomone per le ore italiche e civili.

Il nostro orologio solare presenta invece le incisioni di tre curve di declinazione (linee celesti), cioè di quelle curve disegnate dall'ombra dello gnomone nel corso di una stessa giornata: tali curve identificano i due Solstizi, d'Inverno (*) e d'Estate (**), ovvero le due iperboli, una concava e una convessa, rispetto al piede dello gnomone, e i giorni degli Equinozi d'Autunno e di Primavera (***), in cui l'ombra percorre una linea retta, detta equinoziale, nella direzione Ovest-Est.

A Roma ci sono molti altri orologi solari su superfici orizzontali o verticali, all'interno di chiese o su pareti esterne. Alcuni presentano i tre tipi di ore "uguali" sopra citati: tra questi indichiamo l'Orologio Solare che si trova nel giardino del Quirinale, realizzato per Papa Urbano VIII Barberini nel 1628, e quello a riflessione disegnato dal Maignan nel 1644 sul soffitto di un corridoio di Palazzo Spada. Dello stesso periodo troviamo, ad esempio, a Parigi, nel cortile d'onore dell'Hotel des Invalides, una molteplicità di orologi solari con diversi sistemi orari.


BIBLIOGRAFIA

G. FANTONI, *Orologi Solari,* Technimedia, Roma, 1989.
F. FORESTA MARTIN, N. LANCIANO, P. LANCIANO, *Dalla Terra alle Galassie – Un viaggio astronomico attraverso la città,* Quaderni ENEA-Musis n. 1, 1993.
G. RIGASSIO, *Le ore e le ombre – Meridiane e orologi solari,* Mursia ed., 1988.
R. ROHR, *Meridiane,* Ulisse ed., Torino, 1988.

*Paolo Portoghesi*

*For a Roman born in Via Monterone of an ancient family who, already in the 16th century, owned a vineyard on the spot where today's Via Frattina is located, Castel S. Angelo is not only an illustrious monument but also a familiar image; one of the strongholds that, from my first childhood experiences, allowed me to understand this city, to begin to construct an order from all its obelisks and it prestigious monuments.*

*Even my grandfather, who was a painter/decorator specialized in the "grotesque", owned a castle; and when he spoke of it with my father I, as a child, thought that it was a "real" castle and imagined it like Castel S. Angelo – a cylinder with a tower in the middle and maybe a little angel with his drawn sword and lots of colorful grotesques painted in the various rooms and corridors. But then I realized that the castle was just a wooden scaffold, one of those that they used at the time to reach the interiors of churches for cleaning and restoration. I also learned that almost all castles are very different from that one I knew in Rome which, nonetheless, on the strength of its ambiguity (fortress or tomb, palace or castle?) never lost its mystery for me. With its ramp, its corridors, the cells and cannonballs (fake), the magnificent and unexpected halls, saturated with color, commissioned by Pope Paul III, and the spectacle of that great angel hoisted up onto a terrace that dominates the city like the prow of a ship, Castel S. Angelo is the topos romano most stimulating and revealing, especially for children who remain the most numerous and enthusiastic of its visitors.*

*It must not be forgotten, also, that even our century has left its noble imprint on the castle, not only in the music of Puccini but also in the exquisite ceilings painted by Duilio Cambellotti in the highest rooms of the tower, an unexpected and personal fusion of Art Nouveau and Futurism.*

*Going back there as a mature and disenchanted person, at the threshhold of the third millenium, to pay homage to its history and confide (to the castle and to the city) something of my own work, is a way for me to settle a debt of recognition. At the same time it is a precious occasion to go back over the history of the mausoleum of Hadrian – the "no-limits" architect emperor, who, recycling an Etruscan tomb for his own tomb along with the structure of a nuraghe, and constructing his Villa in Tivoli, demonstrated the creative value of architectural memory – a turreted Papal refuge and subsequent "roof terrace" of the city, immersed in its sky-blue dimension.*

*The creative memory and the roof terrace open to the spectacle of Nature – these two factors so different – one a concept and one an architectural type which found its concrete reification in Castel S. Angelo. If I look inside myself and go back over my work of forty years, I recogize these two like lighthouses that have always guided me in a navigation full of doubt and contradictions, but never disoriented and never without a sure objective to reach. It was out of this sense of recognition and love for a monument that has lived and continues to live in metamorphosis, like a moth or a butterfly, that the idea came to pay homage,*

*commenting and searching in it for the motivations of our own work.*

*It often happens to me, travelling the world and recounting at universities my architectural journey, as historian and architect, that I am considered a typical "Roman Architect", a figure inseparable from the backdrop of the city and – this part I add – from its landscape of tufo and umbrella pines. My Romanness to which they refer is not, fortunately for me, a triumphal and authoritarian one, so fond of pompous rhetoric. My Romanness is about metamorphosis, where the identity of formal features is exposed and becomes the underground continuity of fleeting, but extraordinarily profound, characteristics. And here the most apt metaphor is the memory of the underground river that flows alonside the crypt of S. Clemente, above the place of the ancient mythreum, heard before seen, indellible but tenuous sign of the virgin landscape that existed before the city; that landscape of Scotch pine forests (called umbrella pines) where the first Roman settlements sprang up and which I rediscover daily – mirror of metamorphosis – in my refuge in Calcata.*

*The Castel, therefore, as symbol of a Romanness not finished, in perpetual becoming, a city yet to be designed listening to the vocations of its sites, a city that, if it wants to escape rampant decay as it faces the third millenium, must rediscover its origins, its ancient relationship with Nature; a relationship of ever-renewing defense and alliance, from the drying out of the swamps of Velabro, where the Forum was born, to the providential green*

ring of parks and vineyards that surrounded the city up to the end of the
19th century. Up until the "breach" of
Porta Pia, in fact, the stellar structure
of sidus Augusti had remained visible,
to be then buried in the clutter of new,
fast-growing neighborhoods that were
destined to complete that "not finished", without realizing that maybe it
was precisely that "not finished" aspect
that was the genius loci of the city, per-
sonified by the angel of the castle with
its pietas. Renewed alliance with
Nature means, in Rome, cancelling
that compactness, giving value to those
wedges of green, but it also means sub-
stituting sick cells with healthy,
thought-out tissue that can constitute
an alternative for the unredeemable
environment of the suburbs. It is essential to reflect, while there is still time,
on the fact that the "poison gases"
banned since WWII are with us today
in the house; along our ancient roads,
among the cobblestones, the grass no
longer grows and the plants on our
balconies are withering under the dust.
To construct a new alliance it is essential to reflect on Nature and its relationship with our life, and what place
is more suitable than Castel S. Angelo,
placed as a defense post on the river —
that natural reality that first we
imprisoned and then forced to serve as
traffic divider of our only existing
urban highway and which, after having threatened the health of the Roman
people for centuries like the Angel of
Death with its frequent overflowings,
always ready to go into action, now
seems to accept wickedly its role as neu-
tral witness to a collective suicide
which is, however gradual, nonetheless
inevitable.
For an architect to reflect on Nature
means to take care of poisons, environmental pathologies and efficacious

remedies; but it also means to ask one-
self about the relationship that exists
between Architecture and Nature, from
the point at which Architecture was
born — inspired by the nests of birds
and utilizing the branches of trees or
the trees themselves as refuge.
A visitor to this exhibition will retrace,
within the usual itinerary of the
Museum, another itinerary predomi-
nantly of images which, taking off
from the various aspects of the castle,
points out how there is no architectural
idea that does not find its precedent in
Nature, and not only, and not as much
in its forms as much as in its laws, in
its processes of growth and consumption
and in its continuous metamorphosis.


## ARCHITECTURE AND NATURE

Generally, when we speak of the
Architecture/Nature we mean the
capacity of a built project to connect
with the natural setting, for its forms
to mirror or to contrast with nature;
but there is another aspect of the
Architecture/Nature relationship that
deserves to be investigated, that being
what I would define as genetic —
deriving from the fact that humans,
realizing their artificial universe, tend
to repeat, whether conciously or unconsciously, and interpret the forms and
procedures they observe in Nature.
They, therefore, model their construction on the memory of their cognitive
experience or even by unconsciously
obeying laws that govern the life and
structure of our planet and its own
ways of observing, conceiving and rea-
soning.
There is no lack in history of examples
of direct inspiration by natural forms. It
is enough to think of the Borrominian

spiral stairway at Rome's Sapienza
University, memory of the shell of a
snail that he observed outside his house,
placed on a pedestal of bronze, or the
design for the reconstruction of London,
proposed by Robert Hooke after the fire
of 1666, consciously inspired by the cell
structure of cork which he had observed
under a microscope. Perhaps the correct
interpretation of the severe reprimand of
Apollodoro of Damascus to Hadrian,
not yet Emperor of Rome, according to
the anecdote by Cassius (EP.L LXIX, 3,
3): "Forget about this and go draw your
pumpkins, for you are not expert in
these things", is not concerned with
exercizes in painting but with the idea,
later realized in the Temple of Iside at
Hadrian's Villa and probably in the
Temple of Siepe also, to construct the
domes using the segmented volume of
the gourd as a model.
More than the cases of conscious inspiration, my research wanted to focus on
indirect and "involuntary" inspiration
(such as the memory theorized by
Marcel Proust in his "Recherche"), that
derive only from our being in the
world, from our inhabiting of the
Earth, from our growing and chang-
ing, thinking and remembering — all
this makes up "lived experience" and
influences what we do, imposing on it
a sort of consonance with the natural
setting that derives from the fact that
the human being is part of Nature and
produces products that tend to the natural or, at least, they were until the de-
naturalization process took on the cat-
astrophic proportions that it presents
today. Because that which appears
obvious in this investigation is that the
human being, if he is born as a part of
Nature and mirrors its laws has, however, unlike other living creatures, the
capacity to estrange himself from her,
refusing consciously her motherhood. It

*also seems evident that the threshhold between an acting "within nature" and an acting "from estrangement" is not, as it has sometimes been said, the threshhold of modernity, but the border that divides two cultures that practice the idea of modernity in opposite ways. From this premise derives the decidedly non-neutral feature of the research now underway and which was first formulated in the book "Architettura e Natura" and which, beyond this exhibition, is being projected into a didactic operation intended as a team research project. The unequivocal proposal that comes out of this research is that of opposing an architecture of violence which, in this brief end of the century has arrogantly dominated the pretext of the "global village", sustained by the logic of advertizing and economic globalization, with a "natural" architecture, a Geo-Architecture that, in gathering the historic patrimony of various civilizations, that of organic architecture and cultural diagnosis (not the unsatisfying architectural version) of the Postmodern, know how to pose itself as the expression of the "new alliance" of the human with his planet: an architecture attentive to the subjugation of the urban environment to the poisons of pollution and of the loss of its role as catalyst in social relations, an architecture finally aware that the saving of energy and the end of consumer waste are the necessary conditions for restituting a reasonable hope for his future to this human being. Technology cannot, from this point of view, be the deus ex machina in which to confide acritically, but the source to be used case by case, verifying the capacity to seriously face (and not to generate, as has often happened) the problems to resolve.*

*Perhaps, after many centuries of dominant "male" architecture, that exhalts volume and the capacity to fill up space with symbols of power, a "feminine" architecture will be necessary, eager for the creation and reproduction of inviting spaces and voids. The Earth has great need of gentle architecture that cares about places, their continuous transformation and the recovery of their built heritage. Filtering the memory through creativity and invention, and making of invention not a game of chance but a true biological evolution, architecture could rediscover its lost prestige within the community.*

*If the book "Architettura e Natura" is based on the enumeration of archetypes, and therefore of the "invariable" elements of architecture, this exhibition, it too being the fruit of an analogical criterium, enumerates concepts and operations that are found in both nature and architecture, and take off from the conviction that conceptualizing and reexamining an architectural work critically, utilizing these concepts, allows for better comprehension or better design and, above all, the verification of being, or not, "in harmony" with the natural setting and, even more, with life, which is certainly the principal culminating moment of the Earth. You can well perceive the centrality of the Earth when you look at a photograph of the planet suspended in space – a splendid blue-enameled globe, animated by veils, vapors, transparencies and vortexes that make it look like a living being, decidedly female, with its volatile humors, its hesitations, its reluctance, a "matria" therefore, magnificently pervaded with the fever of gestation.*

*The concepts and operations brought out in the exhibition are, for the most part, familiar concepts linked to life; their application to architecture brings out its secret nature, its most intimate quality, re-evoking its origins not only in the brain of the person that has conceived it but drawing on those real-life experiences that the architect has had in the process of design and then, more or less consciously, in the building process.*

*The best way to conclude this presentation of the exhibition seems, therefore, to try to reread, with the support of these instruments of analysis, the monument in which the exhibition takes place, the castle of Rome, source of many fundamental experiences in the formation of my identity as an architect. The concepts and operations that will be used for the analysis are: Orientation, Symbolization, Encircling, Visibility, Consumption and Elevation.*

*When Hadrian chose the place for his tomb, he was certainly thinking in terms of the Rome that he had interpreted, not in a brutal and distressing way, as had Nero, but in a subtle and no less strongly incisive way, working almost in filagree. His Rome, based on what we have been told and on archaeological reinterpretations, could be seen in a sort of multiple constellation – a series of points which, united, take on new meaning. These points or stations are the monuments and public works that Hadrian built or restored, showing his "affectionate" attitude towards the city. The monuments selected ex novo for this initiative of his were the Temple of Venus and Rome, the Pavillion of the Orti Sallustiani, the now-gone Temple of Siepe, that of Trajan and Plotina (at the end of the Forum of Trajan) and that of Matidia, later dedicated to himself (which today houses the Stock Exchange) and the Athaenaeum, of which every trace had been lost and which was dedicated to*

*the integration of the Latin and Greek
cultures.*

*As part of the rennovation of the
Campo Marzio area, continuous with
the Augustan plan, he built the
Pantheon, with its piazza, the Giano
next to the Minerva and the loggia of
the Saepta Julia. Hadrian's most
important restorations included places
of high historic value such as the
Capitoline Auguraculum, the Forum
of Augustus, The Domus Tiberiana,
the Pomerium and the Divorum.*

*The Pantheon and the mausoleum are
ideally oriented north-south which
makes them both perfect sundials.
Where, in the Pantheon, the line of
light that originates from the central
opening in the dome draws a series of
trajectories across the vault and onto
the walls, that day after day record the
movements of the Sun and the Earth
over the arc of a year; in the
Arianaeum the solar orientation is
enhanced by the bridge, by the axis of
penetration and by four vents (helium
chimneys) that, perhaps, allowed a
peek at the sky through in four luminous cardinal directions. Moreover, in
the Pantheon it has been ascertained
that the light coming from the circular
opening hits the entranceway at midday of the 21st of April, the day of the
founding of Rome.*

*Added to the process of Orientation,
which determines the structural relationship of the monument with the
city, is the process of Symbolization
which guided Hadrian in his choices.
The volumetric blocks that form the
monument are the square foundation,
once surrounded by a railing, the
drum standing on it and the cubical
tower, all elements still readable in
the present-day building but stripped
of their syntactic clarity. The choice of
a volumetric ensemble such as this, at*

*the time of Hadrian, could not very
easily leave out consideration of their
symbolic value. The drum, traceable
to the Etruscan tradition of tumula
and to the recent example of the tomb
of Augustus, had a heavenly connotation and led back to the concept of
duration and eternity. The square
foundation could have referred to the
Earth, as in the Roman idea of the
castrum, encampment and at the
same time urban structure, while the
tower placed at the center with a
chariot of the Sun overhead, served as
symbol of elevation, of access to heav-
en (an image later rendered, with the
eloquence of sculpture, in the representation of Hadrian racing a team of
four horses towards the Sun).*

*Symbolic value could be attributed
also to the fertile soil that almost certainly crowned the drum, making the
growth of vegetation possible, an allu-
sion to Life uninterrupted by Death
and to the connection of the artificial
world with that of the natural.*

*The notion of Encircling comes into
play when the internal spaces of the
block are defined by the genial idea of
the helicoidal ramp which, joining
with the cylindrical form, breaks its
inertia and involves it in an ascending
movement. It is impressive to ascertain
that the analogy between this ramp
and that of the S. Antine nuraghe, a
truncated cone-shaped volume wrapped
by an equally conceived surrounding
walkway. The consequence of the
Encircling is the connotation of the spiral and the helix as symbols of life and
of becoming. If the ramp interprets the
encircling though the helix, a different
type of concentric encircling character-
izes the railing that surrounds the
foundation, with its little columns
crowned with bronze peacocks. Two of
these birds, symbol of eternity, were*

*transported to the Vatican as perennial
guard of the Pigna (pinecone) of
Belvedere – metaphysical dialogue
between the animal and vegetal
worlds.*

*Going on to the elements added to
Hadrian's original organism, those elements that led to the gradual metamorphosis of the tomb in the castle, we
must first focus on the process of
Consumption and the decay that has
modified not only the physicality of the
image, in the journey of the completed
monument to ruin, but has profoundly
corroded the symbolic message of the
monument. Stripped of its marble
skin, of the geometric cleanness of its
contours, of the significant value of its
sculpture, the tomb loses its meaning,
and acquires another complementary
one, that of strength, of a fortified and
inaccessible place, turning to the city as
an ambiguous container of a hostile
force or as a reassuring defensive
stronghold. Adding on the crenelation
of the central tower, the new typology
crashes into the ruin and transforms it,
it gives it a new text for comment until
a new transience of sense suggests further transformation. If the fortress can
serve to defend why could it not serve
as a place to live and to think?*

*From here, through the magic of the
hybrid, a fascinating hermaphrodite is
born, a palace that rises up as if it
were a hill on top of a castle that was
once a tomb and, also a place of contemplation and Elevation and, therefore, loggias and roof terraces where it
is possible to read the structure of the
city as if in plan. This is how the
Castello also became the archetype for
the thousands of roof terraces scattered
across the cityscape, the roof terrace
that serves for seeing but also for being
seen, that marks the undeniable celestial dimension of every architecture*

*structure that populates the panorama of the city and the indispensable cubic counterpoint to the myriad cylindrical domes and spheres that crown its consacrated places.*
*Finally, supreme postscript to the life of an infinite monument, the statue of* *the Angel sheathing his sword. No longer the man who takes his place in the carriage that will bring him into heaven, but the angel, the intermediary who reassures the man after the celestial rage. Is it not, perhaps, the act of sheathing the sword that which is* *legitimate today to ask of Nature, after having challenged her in so many ways and after realizing how pointless and reckless the "victories of Pirro" that man has brought down on her have been, our loving, but not always compliant, mother?*

## THE CHILD AND THE ART OF THE GARDEN
*Paolo Portoghesi*

*I would first like to tell you why I am so enthusiastic about the work you all have done – a project, done by children, who are present in the city even though in a rather marginal way. The fact is that the city is made for grown-ups, for the mature person who organizes himself to produce goods, to live in society and to do those things that are part of daily life. The city is built, therefore, on the scale of the adult person. We can clearly deduce this from standard architectural proportions: doors are two meters and twenty centimeters high, steps are sixteen centimeters – everything is measured in terms of the average adult. In this context, the child in the city sometimes feels almost a foreign body – everything is made not for him but for him when he will be bigger. The presence of children in the city is, above all, a passive presence, they wait to grow up to be able to intervene and influence the environment. For this reason two activities are traditionally reserved for them: learning and play.*
*Learning is indispensable. If we didn't learn to read and write and cary out various activities it would be very difficult to enter into society. Each of us* *has to choose his own way and not take into account what the others are doing. School was invented for this. School is a preparation for life which tells us how to act. On the other hand, the most specific and recognized right of the child is play. Play is a free activity, with no precise aim. The fundamental purpose is to let our desires, our will and our aspirations become real, for one moment in life, in complete freedom. But play requires, on the part of the mind, an invention, because to play means that the child has to ask himself what to do and then produce an activity that in some way satisfies him. Play is a fundamental operation, and the fact that it is reserved for children shows us how important childhood is. After all, the childhood activity of playing translates later into one of the most elevated activities of the human spirit: Art. Art, painting, architecture and sculpture are all essentially playing, activities without a precise purpose if not the production of pleasure and experience, of wisdom and of knowledge.*
*Here are, then, the two things that characterize our childhood: play and learning. Now, the cultural scheme of* *learning would lead us to think that a child cannot design a garden because, in fact, he has not climbed all the rungs of that ladder that leads to the knowledge of the art of constructing gardens. But this "art of constructing gardens" puts us on our guard. There is that purely artistic and, therefore, closely linked to play, aspect to which children surely have access even if they haven't climbed all the way up yet, completed the entire journey of learning that will then allow them to intervene on reality in full cognition of the facts, with skill and real capacity to do so.*
*At this point, I believe we should make a distinction, with respect to the constructing of gardens, between two different moments: the moment of the ideas and the moment of the practical realization. While the practical realization of a garden undoubtedly requires the knowledge of a series of precise facts which a person can learn only after completing a long itinerary – the ideas that concern a garden, on the other hand, do not need preparation, this long itinerary of learning. Ideas are something that begin to circulate in our heads from the moment we are*

born and, in a certain sense, circulate in our heads more freely when we are children.

Ideas wither, suffer a process almost of decay when a person grows up and his mental activity is conditioned by a series of factors that have to do with his private life. Think, for example, of the fundamental factor of money. Money is a factor that conditions a person's life from the moment that he has to reconcile his accounts with his economy. So you will come to realize as you grow how money creates conflicts with one's ideas. It is precisely one of the elements that contributes to breaking them down and killing them. This is by way of telling you that ideas are something that you already own and that, in a certain sense, you own more freely. You must pay special attention to this – inside your brains and your heads there are ideas circulating.

But what are ideas? It is very difficult to clarify, they are immaterial things that we can never touch, but we can express them through language, we can communicate to others these psychic activities of ours which are ideas. So it is really worth it to have the experience of motivating children to come up with ideas that can be concretized in a garden, because these ideas have a freshness, a facility that the ideas that are born in minds that have already completed the greater part of their terrestrial journey haven't got. It is for this reason that I have found this project thrilling, because it is an operation that asks the children not to give that which they cannot give, since they have not yet been taught it, but that which they can give in a perhaps greater measure than that which grown people might be able to give. Surely, observing these drawings, one can see how, there also being the relationship with human experience and with the vision of other parks, these facts of the Past are interpreted with a fresh, different character and an extraordinary inventive capacity.

In a certain sense, a mature person has to rack his brains to come up with an innovative idea, has to put his head in his hands and work out something new with his brain. This is instinctive in a child precisely because in his brain those settlings, reroutings and forced hierarchies that human reason imposes on ideas have not yet occurred. Ideas circulate freely, have not yet suffered that drying out process and so they can more easily be heard and translated into reality. Therefore, if it is true that to design a garden it is necessary to know a lot about botany, soil characteristics, the life of the plants that will be placed in the ground, and the stability of all the structures, even wooden ones, that will be placed in the garden, it is also true that, on the other hand, the inventive part does not require any experience other than that fundamental one of letting ideas circulate and of making sure that desires are transformed into something real, representative and communicative to others. This is the operation that you, children, have done in a very extraordinary way. You have translated your wishes into something tangible, in this case into drawings and then three-dimensional models of the garden (which renders the idea much clearer than a drawing).

So, here we stand before this production which, with the guidance of your teachers, has resulted in very fascinating and valuable objects. Objects that have been exhibited in a show in one of the most beautiful monuments in Rome, precisely because they are an example of this closeness of the thinking of children to the thinking of Art. In effect, if art is play, who knows better than children how to play? And this is not just my thinking, but the whole romantic theory of art recognizes that art is a form of play, even if it is a playing that includes the will to change the world through a series of very high, and spiritual, requirements. So, through play, children can teach us. We are ready to teach them how to do things, but how to invent things is, perhaps, something they can teach us; because in their brain there is this great fluidity of thoughts and desires. A fluidity that later disappears because of the gradual loss of youth; this richness, this flux of desires and ideas. As we get old, we return to childhood and regain that lost freedom, even though the brain is certainly not as flexible as it was once upon a time. However, the fact that a person looks to go back to his childhood, even if he doesn't succeed, teaches us that, all things considered, towards the end of our lives we recognize the importance of the first period of life, when everything that makes up the world is projected at us and we receive it and develop our own identity, which makes each one of us different from the other.

[Speech of Prof. Paolo Portoghesi at the display "Children Meet the City", October 1997, Sala Borromini, Rome.]

# THE GARDENS OF THE MEMORY
*Petra Bernitsa*


*There where the weaver would patch
his cloth,
where an able mathematician would
correct his errors,
where the artist would retouch his
masterpiece as yet imperfect
or recently damaged, Nature prefers to
start all over
from clay, from chaos; and this squan-
dering is called "the order of things".*

Marguerite Yourcenar


*"The unconscious expresses itself in
images" Carl Gustav Jung used to say.
While an adult person tends to look
less and less at these images of dreams,
myths and legends, a child, on the
other hand, has the capacity from early
infancy on to communicate by means
of drawing, which precedes the written
word. That which puts his oral world
into relation with the written one is
the drawing, which helps him to construct relationships with the world and
to communicate. A child's drawing is,
in this sense, a symbol that relates
word with thing. His visual language
precedes the written one, marking that
delicate passage from oral to written,
by means of the image.
The word and the image mark the two
specular and complementary ways
through which the memory of children
has shaped the theme of the garden.
Teaching children to read a garden
means, therefore, going back to the
iconic origin of the elements that shape
space in order to interpret them in
terms of the chosen project. To interpret
it is necessary first to know various different gardens and to create our image*
*of garden analogously – the analogy in
art is that kind of tuning in that happens between the work and the viewer,
provoking imaginative or fantasy sensations.
The constructing of images is a faculty
that distinguishes humans from the
other animals, "The Latins call the
memory* memoria *when it preserves
the perception of the senses, and reminiscentia when it restores them. They
defined, in this same way, the faculties
that allow us to form images, which
the Greeks call* phantasia, *and we call
imagination; because that which we
commonly refer to as* immagine, *the
Latins referred to as remember. Thus,
the Greeks said in their mythology that
the Muses, the virtues of the imagination, are the children of Memory"* [1].
*Hence the link between memory and
imagination, memory and poetry.
The word garden calls into play the
notion of memory. To have children
design a park means, first of all, to
have them work on the basis of their
memory and, therefore, with their
identity, both individual and collective. "Every time that Man asks nature
to make itself into a garden, to
renounce its mysterious globality in
order to define itself "at a human
scale", in a meaningful way, he re-
evokes a primitive past, a condition of
lost happiness, of which the garden is a
symbol. The garden is born of the
desire to reinstate the rhythm of Nature
as it was in the beginning and for this
reason is also memory"* [2]. *It is a question, therefore, of educating children
about their environment in order to
render them more active subjects,
always maintaining their amateur*
*quality, capable of dialogue with the
expert.
The Greek work* Kepos, *which means
vegetable garden, garden or garden
flower, derives from the verb* kepeuo,
*which means to cultivate a garden, in
the sense of tending it, giving it life.
For the Greeks the garden was, therefore, the foundation of the concept of
human and animal life. Sophocles
speaks of the gardens of Adonis, composed of flowers that bloom and wither, to indicate the cycles of birth and
death. The vital meaning of kepos
seems to be coming back in style in the
design of green spaces in urban centers
and their suburbs. Spaces that are
missing those vital environs without
which it is impossible to grow, live and
die in harmony. Through this didactic
experience with the children two
worlds, specular and complementary,
emerged in the design of the garden of
their fantasies: that expressed by the
story, which is founded on the memory
of words, and that expressed by the
drawing, which is founded on the
memory of images. In the same way,
"Narcissus and the nymph Echo reveal
most simply the game of the images
that can not be voiced and of the
words which cannot be seen"* [3]. *The
choice of the theme of the garden in its
intrinsic meaning of memory has
helped the children to understand their
individual and collective identity, as
happened when Hadrian's journeys of
the memory were woven together in his
works: Hadrian's Villa at Tivoli, the
Pantheon and the Mausoleum. The
design of a garden has an educational
function that is closely linked with the
emotional sphere of the child; there are*

*gardens that reawaken serenity, vivacity, sweetness and desire to play, and those that invite contemplation. The objective of designing a park or garden was also to educate children in an understanding of the city and its spaces; because the space between things is that which gives them sense and identity. This is the function of gardens, squares and streets.*
*Understanding the open areas helps to understand the difference that exists between cities laid out vertically, rooted in the soil of gardens and vegetable patches, and cities laid out horizontally, that destroy the countryside, the vegetable gardens, Nature. Living and building are both implicated in the becoming of a city.*
*That which humans create responds to three principles: the principle of utility for which we draw on our own bodies, the principle of beauty which is inspired by the soul, and finally, the principle of solidity and duration which includes both references — body and soul. Among the arts it is Architecture that follows these principles to the highest degree.*
*Eupalino, architect in search of truth, beauty, unity and harmony, would have taught the child, who is born multiple, to discover the world, life and his architecture to become an individual (I was born multiple and have died one, Socrates). To teach a child the architecture of the garden he would have chosen to walk around a city like Rome that has existed and exists still, of whose memory we have lost all trace; the memory of primitive Rome, that of the seven hills, that defined a setting where the natural rhythm prevailed over that artificial, or at least — it seemed — wove itself in with it, counterposing the garden with the sacred woods (called luci or nemores), such as those that differentiated the seven hills one from the other according to the essences they were composed of. A city consisting more of gardens that of houses, more of voids than of solids. Strolling together Eupalino and the child would see the single parts that make up the garden and, moving and speaking, would have composed the unity of the garden in a narrative. Eupalino teaches that the unity of the garden is appreciated in movement, walking and meditating, and that "traditionally the archetype of the garden is tinged with the colors of nostalgia and waiting, with the exchange between the vegetal world and the human world, projected towards justice, peace and contemplation".*
*Hadrian, architect and philosopher, in his projects – the Mausoleum, his Villa at Tivoli and the Pantheon – was always aware of the symbolic value of orientation. References to the ideal of harmony with the Cosmos are constant, which is expressed in the founding elements of the architectural design. Orientation, which means facing East, to the origin of light, invites us in its symbolism to look to spirituality, wisdom, contemplative life and to the universal soul. Hadrian, architect and philosopher, offers the child, with his works, a journey constructed of memory fragments of the places of his life. Like the child, the emperor plays at relating the fragments of his experience of beauty and his being in the world. "Trahit sua quemque voluptas: to each his fall; to each his end, his ambition, if you like, the most secret taste, the most open ideal. Mine was locked away in this word: the beautiful, difficult definition in spite of all the evidence of the senses and of sight. I felt responsible for the beauty of the world. I wanted the cities to be splendid, full of light, washed by limpid waters, populated by human beings whose bodies were not disfigured either by misery or by slavery, nor by the bloat of vulgar riches"* [4].
*Hadrian communicates himself and his spirituality through the landscape and aesthetic experience. Portoghesi teaches the children to think of a garden as a tree that is born from its roots and not from the earth. "When we look at a landscape it appears to us as a backdrop for an invisible figure which is human life itself, as reality or as future potentiality, scenario for a representation; therefore, the landscape of the human drama is the mirror of an ideal balance that speaks to our senses of distant eras at the dawn of civilization and of History … the Architecture/Nature relationship is sealed in the notion of landscape, and the origin of this word (deriving in all the neo-Latin languages from the Latin pagus meaning village) clarifies well how the presence of humans, of the signs of the anthropization of the Earth, was a fundamental element, since we attribute an aesthetic value to the sight of and, therefore, to the "representation" of a vast extension of territory"* [5]. *Observation of the landscape is, therefore, part of the aesthetic experience; through the knowledge and the contemplation of the landscape we learn to feel, to interact with the environment using all the senses.*
*Hadrian's journey can offer to children a "sensorial" journey, an interweaving of the aesthetic experience and the actual contact with material. The Mausoleum, which was later transformed into a castle, is witness to the memory of Hadrian and, at the same time, stands out in its material presence. The castle is a solid*

dwelling, protective and difficult to access, that symbolically represents the junction of desires awaiting the love-besotted prince or the marvellous traveller. The Mausoleum and the Villa at Tivoli are, therefore, two didactic locations, places where the ideal of "genius loci" is explicit, and according to which every part is conditioned by the nature of the place. In an equal way, in the Italian garden every part has a precise destination: one part is suitable for reading, another for a stroll and yet another for play. Here adolescents might run free, there the elderly might rest.

One of the essential elements that contributed to the success of the Italian garden is the garden/landscape relationship. In the design of the Italian garden, the landscape that it encompassed was included naturally – garden and landscape were part of the same composition. The child's vision, his innocence, are at the base of creativity and freedom; freedom to predict and imagine the landscape. The fables are true then and among these the truest is the fable of the garden as Calvino teaches us. What comes out in the story of Cosimo – the tree-climbing baron – is the idea of freedom without borders identified with the idea of the universal garden, "suspended" above human misery. The garden in this sense assumes a new meaning – that of a place of freedom, in addition to vital place of pleasure, happiness and learning.

Along the route of the exhibition "Arte e Natura", the "gardens of the memory" represent an event within the event. A journey through the archetypes of the garden which is integrated with Portoghesi's attempts to define the structural harmony between architecture and the natural setting. The stones of Auro are set within the cavity of the mountain/castle like certain settlements once inserted themselves into the cavity of the rock, like natural crystals. The exhibition as "field", as system of places, offers various journeys that exploit the nature of the place – Mausoleum, Castle, Museum – allow the visitor to comprehend the language of art beginning with its archetypes, with its references in Nature or, as Portoghesi says, "geomorphic fragments". "Archetypes express, in fact, in the field of architecture, the collective dimension and the richest stratification of experiences accumulated over time, generation after generation, and are, therefore, the most efficacious antidote to individual will and the exhaustion of the processes of superficial change." The ten projects prepared by the children from the same number of Roman schools, having analyzed the landscape of the city and the peculiarities of the sites, repropose the figures and archetypes of the Italian tradition of the garden. The themes chosen reveal, in fact, the wishes and needs of the children as they were filtered through their memory of the city and knowledge of the forms and meanings of the garden. The themes and subjects proposed, after group discussion, in the first phase of the work, which is that of the production of drawings that would represent a fantasy idèa of the garden, also helped to bypass the testing phase and the passive proposing of stereotypes.

**The oval of cooperation** is the theme that emerged from the work with the "Antonio Gramsci" Elementary School: the project takes as a priority the connection with the neighborhood and, reproposing the form of the racetrack in the Villa di Plinio and of the circle defined by rows of plane trees and oaks, prefigures a space destined for socializing, encounter and play. This theme is also found in the project of the "Anna Frank" school, where the multi-use track recalls the racetrack shape. **Fantasy** is the theme of the project of the Elementary School of Via Frignani – 143th District, which interprets the labyrinth of the garden of Bomarzo and the dreamlike dimension of the figures monstrously deformed to amaze and invite you to the game of discovery. **Order** is the dominant element in the "Garden of the Birds" designed by the Elementary School "Guido da Verona". An Italian geometric garden that is inspired by the Renaissance villas, where the simplicity of the geometric layout recalls the complexity of the Roman countryside. **Fluidity** is the dominant theme of the Elementary School of Via Ferraironi – 126th District, based on the dominant presence of the lake, memory of their walk through the Villa Borghese and its sinuous trails that set locatons for silence and contemplation in relation with those destined for play. Water is the ordering element and connector of the various functions of the garden, along with the colors and perfumes of aromatic plants and the shade of the trees and bowers. The reference to water is also the theme of the design of the School of "Claudio Graziosi", where the sound of the fountain suggests a way of life, articulated by the flowing water in the immediate vicinity of the banks of the Tiber. **Sound and music** are the theme of the "G.G. Belli" School, which proposes a central structure for the children's orchestra. Arranged around this structure are trees, the fountain of the moon, the bower of silence, the bench commemorating Gaudì and, finally, spaces for play, permitting sound and silence to har-

monically alternate in turn.
**Centrality** is the theme of the "Trilussa" School's garden. A circular-based figure, like an island in the middle of a field, with a pergola surrounding a circular amphitheater in the center of which is a chessboard – a project inspired by the first proposal of *città giardino*, the island of Citera, a circular, idealized Renaissance city.
**Orientation,** in the project "the garden of the encounter", of the "Italo Calvino" School, is represented by the windrose, ordering element of the walkways leading to the various sites of the garden: the garden of the perfumes, the fountain and the labyrinth, fragments of the Italian garden, but also the idea of the hanging garden reproposed in the playful elements of the roof-garden of the castle. **Illusion** is the theme of the School of "F. Filzi" which, with the representative technique of trompe l'oeil, opens a virtual window on the surrounding landscape – the pine forest beyond the walls around the school. A wall that captures the landscape beyond it with an illusionistic and prospectival image and provides a backdrop for a representation of the school. This project harks back to the idea of the representation of the garden in the frescoes of the houses of Pompeii.
That which is common to these ten Roman projects is: the multiplicity of images; the hidden order of the three-part approach that structures the journey in terms of play, aesthetics and senses; the pathway that interprets the garden and connects its parts; the tree that has a "value, in itself, almost personal"; the pergola, mimesis of a continuous sky and symbol of a precious microcosm on the Earth; the fountain that must never be missing in any garden; the flowers that contain the

impulse to make a garden and the restful variation in the colors of the evergreens; the bench and the sitting; the smells and sounds; the game.
"An interior space allows comparison with other places only through memory or the anticipatory faculty of the observer" [6]. The route of the exhibition interprets, therefore, the interior of the Castello and relates distant and near, known and unknown images of the Roman landscape. Images such as the Pantheon, the Mausoleum of Hadrian, of Saint Peter's by Michelangelo and, even earlier, by Sangallo, of Saint Ivo by Borromini and of the Mosque by Portoghesi, where the tree/stone relationship expresses the dialogue between the symbol of dynamic life represented in the concentric circles of the trunk of the tree, and static life represented by the stone stratified in the stepped dome.
The angel at the end of the labyrinth of the Castello, who we first see outside, standing out against the afternoon sky, purple and gold like the Roman landscape, looks like the "angel of history" of the poet Rilke; the angel who guards the "memory that, transmitting itself from one to the other in words and images, constructs a transparent web, mingling men distant in time and space together" [7]. In the verses of the poet Rilke we understand the chain of events and works that weave together constantly in the itinerary of images of the exhibition Arte e Nature di Portoghesi e Auro and their power to implicate. The exhibition, in fact, with its universal message, reproposes that dimension of the discourse, of the conversation that keeps alive and encourages the social relations and forms of solidarity and cooperation that would otherwise be diminished

under the weight of the formal logic of technique. The rules of dialogue maintain, in fact, a whole complex of conventions without which social life would not exist. These give individuals the ability to share an implied ensemble of images and ideas which are assumed as given and are shared by everyone. In tune with these considerations, Portoghesi believes that to understand Nature today it is first necessary to put aside the current knowledge or, we could say, the prejudices that we employ in defining her. We no longer know "Nature", of whom before long only traces will be left, and who, from her one-time role as leading lady, will soon be relegated, thanks to technology, to that of extra, forever married to the past.


Notes


[1] MICHELET, J., *De antiquissima Italorum sapientia*, Bruxelles 1 835, ed. 1971 I pgs 410-11 and Le Goff, *Storia e memoria*, Einaudi, Turin 1971, p. 385.

[2] PORTOGHESI, P. *Architettura e Natura*, Edizioni SKIRA, Milan (in printing process)

[3] BRUSATIN, M., *Storia delle immagini*, Einaudi, Turin 1989, p.xvi.

[4] YOURCENAR, M., *Memorie di Adriano*, transl. Ital. Einaudi, Turin 1988, pg. 27.

[5] PORTOGHESI, P., *Architettura e Natura*, op.cit.

[6] ARNHEIM, R., *La dinamica della forma architettonica*, transl. Ital. Feltrinelli, Milan 1983, p. 110

[7] PORTOGHESI, P., *L'angelo della Storia Teorie e linguaggi dell'architettura*, Laterza, Rome-Bari 1982, pgs. VI, VII.

The issue of orientation is a truly happy introduction to the theme of *Arte e Natura* that Auro and Portoghesi, an artist and an architect, have both been pursuing for quite a while.

The relationships between these two universes constitute a line of thinking on which Portoghesi has refined his theoretical reflection, while the relationship with metals, stones and crystals which, represent, for the artist, the light of the Earth, provides the essential vein in which Auro elaborates his intervention.

The conceptual system of Orientation is one of the most stimulating. Dealing with this theme means reflecting on the relationship between architecture and the sun and, more generally, the stars and the cardinal points. The word orientation itself is derived from orient (east), and therefore from the individuation of the point where the Sun rises representing hope, in some way, the Messianic advent, and therefore expectation fullfilled.

As Portoghesi recalls in his texts, in trying to approach this theme and establish the architecture/nature relation it is essential to set aside the idea that it is a question of stopping the individual in the moment in which he applies the stimuli drawn from his observation of nature onto architectural forms. A fundamental part of this approach is precisely the negation of the most immediate aspect of immitation. It is certainly necessary that there is also a process of immitation, but obviously filtered through abstraction. The identification in architecture of formal patterns taken from nature indicates the alliance between nature and Man, which remains a basic given, while the recourse, even in our own times, to the great forces of nature could even resolve the problem of innovation, which is one of the continuing, and ever present needs of Man.

In the work of Auro, as well, there is the observation of the forms of nature that show, in an even more obvious way, their symbolic and therapeutic aspect. The exploration of the potential of construction materials finds its parallel in the research that explores, beyond their dimensions, their aesthetic potential. Auro also realizes environmental effects in which both music and scent intervene, not to mention the energy potential that is stimulated by the presence of some crystals. Their compositions represent an in vitro experiment that could be more widely applied in architecture.

The exhibition, therefore, indicates new possible routes, rich in extraordinary potentialities and reveals a threshhold into universes not only more fascinating but also more productive.

# THE MYTH AND LEGEND OF HADRIAN
## Giancarlo Priori

*Building, it means collaborating with the Earth, imprinting the sign of man on the landscape which will be modified forever for it …*

Marguerite Yourcenar

*The myth is the role that the example of Hadrian, especially in the design of his Villa, but also in the Pantheon, has had with regard to architecture in recent decades – a role of provocation, of the removal of conventions, an invitation also to compositional courage, for those multiple axes that intersect each other and respond not only to the lay of the landscape but also to a sort of randomness, of being "messed up". It is undoubtedly a resounding example of the capacity of the ancient world to anticipate the themes that were to be those of modern art.*

*Within this discussion we can insert the meaning of this exhibition which, after all, is a revisitation of Hadrian's Castel Sant'Angelo by two artists – Paolo Portoghesi and Auro – which is characterized by their own convictions and inquiries.*

*Yet again it is a place that provokes, and onto which ideas are glued; it is a place that is personalized by means of the individual experience of the artist. This exhibition seems also to propose an unusual model, which is one not to make monuments into places for personal exhibitions, but one that makes monuments an opportunity for artists to reorganize their thoughts in terms of that specific moment.*

*Superintendent Ruggero Pentrella, who wanted to organize something that surely would not be in the typology of a traditional exhibition, is to be applauded. This is, instead, a typology in which there is this sort of Caudine Fork that must confront the monument, to talk about it, to consider its own work almost as a sort of decoration of the monument. It is an operation not very different from that done by Aldo Rossi with the Teatro del Mondo, an object which, circulating in that area of Venice which has remained untouchable for centuries, recreated the conditions of an interview that, vice versa, seemed absolutely forbidden to modern architects. That of an exhibition that forces a dialogue with the monument as another way to bring the ancient closer to the new without producing those breakdowns that are inevitable when you superimpose the new over the ancient. In this case, though, it is a gossamer garment that will soon be carried away by the wind.*

# The Horizontal Sundial
*Nicoletta Lanciano*

The sundial carved into the Giretto parapet of Castel Sant'Angelo faces the bridge dell'Angelo which is oriented North/South – the Castle is to the North and the bridge to the South. The system of hours incised on the stone makes it possible to trace the epoch when the sundail (which has lost the gnomon that produced the shadows) was made, with its complex of "ancient", "Italian" and "modern" hour lines.

In the Mediterranean basin it was perhaps the Chaldeans to first subdivide the day into 24 hours: 12 for the period of light and 12 for the period of darkness. In the various seasons the length of the times of light and dark were different and, therefore, the subdivision of the period of light was for "long" hours in the Spring/Summer and "short" hours in the Autumn/Winter, and vice versa for the nighttime. This system of calculation called them "temporary" or "ancient" hours and, in any case, they were "unequal" in duration from one season to another. All the ancient sundials are of this type.

It was the Arabs who, around the year 1000 A.C., spread a system of "equal" and "equinoxial" hours: in the days of the Equinox (aequi-noctis) in fact, the day lasts as long as the night and also the "ancient" hours were equal to each other: one-twenty-fourth of a whole day. The "equal" hours were organized into different systems: the "italian", "babylonian" and "modern".

The hours called "italian" indicate how many hours have passed since the last sunset and, therefore, subtracting from 24, also how many hours of light are left to the end of the day; the corresponding lines on the quadrant of the sundial are inclined from Southeast to Northwest and never converge. In the "babylonian" system the hours are counted from sunrise.

These systems were in use in Italy and Europe up to the end of the 19th century and were then seconded and substituted with the system known as the "French", or "modern", or "astronomical" hours. The change-over to the "French" hours came about, for example, in Lombardy in 1786. In this system, the day, and therefore, the calculation of the hours, starts at midnight, and this is our present way of calculating time. The corresponding lines on the quadrant are convergent and symmetrical as regards the midday line. Since the French occupation of the Castle began in 1797, the horizontal sundial could be traced back to that period.

In the "ancient" and "Italian" sundials, the stylus, or gnomon is perpendicular to the horizontal plane, and in the "modern" could be the polar type, which is inclined with the latitude of the site, but here there was probably a single gnomon for three different systems. Superimposed on the hour lines are the incisions of three declination curves, those curves designated by the shadow of the gnomon in the course of a single day. These curves identify the Winter and Summer Solstices – and are the two hyperboles, one concave and one convex, at the foot of the gnomon – as well as the Autumn and Spring Equinoxes, in which the shadow follows a straight line, called Equinoxial, from West to East.

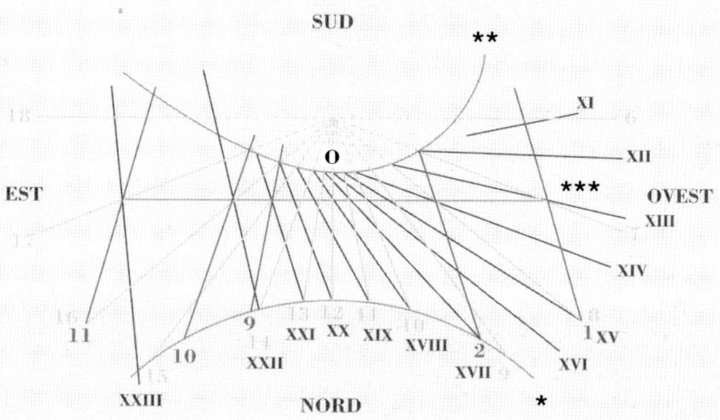

Nota Biografica di / *Biographical Notes of*
Paolo Portoghesi

Paolo Portoghesi è nato nel 1931 a Roma, è professore ordinario di Progettazione Urbana presso l'Università della Sapienza di Roma. È autore di numerose pubblicazioni sull'architettura rinascimentale e barocca, sul liberty e sulle problematiche dell'architettura contemporanea, tra cui: *Roma barocca* 1966; *Borromini architettura come linguaggio*, 1967 (con F. Borsi); *Roma del Rinascimento*, 1970; *Le inibizioni dell'architettura moderna*, 1974; *Dopo l'architettura moderna*, 1980; *L'angelo della storia*, 1982; *Architettura e natura*, in corso di stampa. Le principali opere di Portoghesi sono: la casa Baldi (1959), la chiesa della Sacra Famiglia a Salerno, l'Accademia di Belle Arti dell'Aquila, il salone termale di Montecatini, il teatro dell'opera di Catanzaro, il ristorante "Primavera" a Mosca e la piazza del Municipio, Pirmasens in Germania, la Moschea e il Centro Culturale Islamico a Roma, Concorso per la sede della Regione Calabria, 1° premio, Catanzaro 1997. Dal 1983 al 1993 è stato presidente della Biennale di Venezia. All'opera architettonica di Paolo Portoghesi sono state dedicate le seguenti opere: C. Norberg-Schultz, *Alla ricerca dell'architettura perduta*, Roma, 1982 (in ristampa); G.C. Priori, *L'architettura ritrovata*, Roma, 1985; M. Pisani, *Paolo Portoghesi*, Milano, 1992. È membro dell'Accademia di S. Luca dal 1966. Ha ricevuto: la Laurea Honoris Causa in Scienze Tecniche dell'Università di Losanna nel 1984 e la Legion d'Onore francese nel 1985.

*Paolo Portoghesi was born in Rome in 1931 and is a professor of Urban Planning at Rome's Sapienza University. He is the author of numerous publications on Renaissance and Baroque Architecture and Art Nouveau, and on the problems of modern architecture (see above citations). His prinicple works include: the Baldi House (1959), The Holy Family Church in Salerno, The Fine Arts Academy in Aquila, The Thermal Hall of Montecattini, The Opera House of Catanzaro, the "Primavera" restaurant in Moscow, Piramsens in Germany, and the Mosque and Islamic Cultural Center in Rome, the Regional Headquarters of Catanzaro 1997, first prize. From 1983 to 1991 he was the president of the Venice Biennial. Note also above some of the architectural treatises that have been dedicated to Portoghesi as well as honors he has received.*

Nota Biografica di / *Biographical Notes of*
Auro

Auro è nato a Subiaco, (Roma). È un artista che lavora con le terre, l'oro, i minerali e le pietre. È stato uno dei promotori dell'Art-Happening nel 1971. Ha fatto parte delle correnti della neo-avanguardia degli anni settanta, "Land-Art", "Mec-Art", e ha promosso, negli anni ottanta, la "Vibrational Art", termine che si avvale di una profonda conoscenza del mondo dei minerali e delle loro potenziali energie, di cui l'artista si serve per la realizzazione delle sue opere. Ha vissuto lunghi anni oltreoceano, in America e in Oriente, dove ha tenuto corsi e stages in varie università e istituti qualificati. Ha realizzato oltre 30 esposizioni individuali e performance con musiche di sua composizione in Italia e all'estero. Dal 1993 ha introdotto in vari paesi il "Vibrational Space", un'ambientazione particolarmente suggestiva che introduce il visitatore in una dimensione di rilassamento e di serenità.

*Auro was born in Subiaco (Rome). He is an artist who works with earth, gold, minerals and precious stones. He was one of the original promoters of the "Art-Happening" of 1971 and took part in the avantguard movements of the 1970s – "Land Art", "Mec Art" and "Vibrational Art" in the 1980s, a term which avails itself of a profound knowledge of the world of minerals and their potential energy, which the artist uses to realize his works. He has spent many years abroad in America and the Orient, where he has taught courses and held workshops at various institutions. He has had more than 30 one-man shows and performances with music of his own composition, in Italy and abroad. He has been introducing, since 1993, his "Vibrational Space" in various parts of the world, which is a particularly evocative environment which places the visitor in a relaxing dimension of serenity and spirituality.*

Nota Biografica di / *Biographical Notes of*
Petra Bernitsa

Petra Bernitsa è nata nel 1959 ad Atene, si è laureata a Roma con Paolo Portoghesi sul tema *La ristrutturazione cromatica di viale Libia a Roma*. Ha svolto attività di ricerca in Italia e all'estero sui temi: architettura e comunicazione, architettura e paesaggio, architettura e colore. Ha collaborato con: la Prince of Wales's Summer School, la "Notre Dame" University, l'Università di Roma "La Sapienza" sui temi della progettazione urbana. Attualmente, è dottoranda di ricerca in Storia e Critica dell'Architettura. Ha realizzato le seguenti strutture: *l'edicola del consumatore* e il *Kinder Garden* per la COOP, lo stand *casa* per l'AIC (Assoc. It. Case). Ha curato l'allestimento delle seguenti mostre: *In/forma di pane*, EUR; *L'arte del bonsai*, Roma; *lo stand Consumi & COOP*, Bologna.
Ha coordinato e ha collaborato ai seguenti progetti di Paolo Portoghesi: Salone delle terme di Montecatini; Concorso per il Centro di proprietà Intellettuale, St. Peter's College, Oxford, Gran Bretagna, 1° premio; Ristrutturazioni del Palazzo dei Congressi e della Civiltà del lavoro, EUR, Roma; Sede della Giunta Regionale di Campobasso; Studi di massima per il lungomare di Ostia; Concorso per la sala Filarmonica di Lussemburgo; Piani di colore del centro storico di Arpino e di Roccagorga, Italia.

*Petra Bernitsa was born in Athens in 1959 and graduated from Rome's Sapienza University under Paolo Portoghesi with the thesis "The chromatic reconstruction of Viale Lybia in Rome". She has done research on the themes: Architecture and Communication, Architecture and Color, Architecture and Landscape and has worked with the Prince of Wales's School, Notre Dame University (Rome school) and the Sapienza University of Rome. She is currently working on her doctorate in research on History and Criticism of Architecture. She has realized the following projects: The "Edicola del consumatore" and the "Kinder Garden" for COOP, "casa" for AIC . She has set up the following exhibitions: "In forma del pane", EUR; "l'arte del bonsai", Rome; "lo stand Consumi & COOP", Bologna. She has coordinated and collaborated with P. Portoghesi on the above-cited projects (see last paragraph above).*